Psicología, pastoral y pobreza

❖ ❖ ❖

Sara Baltodano

253.5
B197p
   Baltodano Arróliga, Sara Elizabeth
     Psicología pastoral y pobreza / Sara Baltodano. -San
José, C.R.: Universidad Bíblica Latinoamericana, 2003
    138 p. : il.

    1. PSICOLOGÍA. 2. TEOLOGÍA PASTORAL -
ASPECTOS PSICOLÓGICOS. 3. POBREZA. I. Título.

Universidad Bíblica Latinoamericana, UBL
Apdo 901-1000
San José, Costa Rica
Tel.: (+506) 2283-8848 / 2283-4498 / 2224-2791
Fax.: (+506) 2283-6826
ubila@ice.co.cr
www.ubila.net

ISBN 978-9977-958-06-4

Departamento de Publicaciones, UBL
Diagramación: Damaris Alvarez Siézar

1era. Edición, Año 2003
Reimpresión, Año 2012

A Guido,
compañero de mi vida.

CONTENIDO

INTRODUCCIÓN

Por muchos años, cuando ofrecía asesoramiento pastoral a personas empobrecidas, percibía que algo estaba faltando. Los encuentros de ayuda, que con tanto interés se llevaban a cabo por ambas partes, parecía no satisfacer a nadie, aunque me los agradecían. Hace unos trece años, esa inquietud me llevó a investigar e implementar mis procedimientos de acompañamiento pastoral. En consecuencia, conforme hacía descubrimientos, éstos se trasladaron al aula. Por varios años, este tema ha sido parte de mi docencia en seminarios y universidades. Hasta ese entonces, vergonzosamente, había omitido tan importante asunto en la enseñanza, a pesar de que la gran mayoría de estudiantes realizarían su ministerio en comunidades empobrecidas. El presente libro, por lo tanto, es el resultado de una larga caminata.

Considero conveniente aclarar que este trabajo no pretende presentar modelos acabados o técnicas exitosas, sino reflexiones y revisiones de la labor hasta ahora realizada. Esto se basa en la filosofía que las personas empobrecidas, por sí mismas, son participantes activos en el acompañamiento pastoral y, por ende, no deberían ser considerados como impotentes e incapaces de cooperar en su cambio. Por lo tanto no se puede llegar con modelos fijos y acabados.

La metodología a ser usada en este trabajo es tomada de la teología pastoral - teología práctica - que parte del estudio de la realidad existente, pasa a la revisión de las fuentes bíblicas, confesionales, teológicas y de las ciencias sociales para, finalmente, presentar propuestas de prácticas pastorales. En otras palabras, propone bases para una nueva práctica pastoral.

Siguiendo esa metodología, el primer capítulo expone la realidad de la pobreza en nuestro continente, que muestra la necesidad de un acompañamiento especial a las personas pobres. Los capítulos dos, tres y cuatro hacen una revisión teórico-práctica de los trabajos con pobres desde la perspectiva terapéutica familiar y pastoral, terminando con una discusión entre los enfoques de acompañamiento individual y comunitario, y el último capítulo pretende aportar lineamientos para una práctica pertinente. Esta propuesta está basada en algunos de los principios de la teología latinoamericana, en un abordaje terapéutico sistémico y en otros enfoques que serán estudiados. Igualmente, compartimos algunas prácticas pastorales de acompañamiento y se presenta una propuesta para la formación de seminaristas, pastoras, pastores, grupos laicos y líderes de comunidades que tengan un compromiso con las personas empobrecidas de América Latina.

Finalmente, es bueno aclarar que este trabajo no examina la «nueva pobreza», es decir aquella que es producida debido a la corrupción y a las políticas económicas que llevan a mucha gente a la bancarrota. Estas personas tienen elementos que les facilita re-iniciar su vida, aunque sea con mucha dificultad. No es lo mismo con los empobrecidos por generaciones porque se les ha negado oportunidades, se les ha discriminado y parece que el horizonte se les cierra. A éstos últimos va dirigido este trabajo.

1

POBREZA EN AMÉRICA LATINA

En los años 70s conocí en Girardot, Colombia, a una familia pobre que vivía en un barrio de invasión llamada "Las Brisas del Bogotá". Es una ciudad muy caliente, donde la temperatura a la sombra llega a más de 35° C. El barrio pobre donde vivía esta familia estaba situado a la margen del Río Bogotá, que es considerado uno de los más contaminados en el mundo. Ese río es la "alcantarilla" de la ciudad de Bogotá, que tiene más de cinco millones de habitantes. El río, hasta ahora, no ha recibido tratamiento y apenas contiene vida animal.

La familia González moraba en una choza de un solo cuarto, que servía como alcoba, como cocina y como sala. Esa barraca fue construida por ellos de algunos pedazos de madera rústica y tenía suelo de tierra, donde ellos dormían sobre tablas de madera cubiertas con esteras. Este caserío no tenía ningún servicio como electricidad o agua potable. La falta de agua obligaba a que algunos se bañaran en el río, en esas aguas contaminadas y hediondas. Ya que la población no podía beber el agua del río y debido a que había un porcentaje alto de casos de gastroenteritis, el gobierno puso una llave de agua potable para el barrio entero.

Pedro trabajaba largas y agotadoras jornadas de trabajo cargando y descargando camiones en un almacén de café y María era ama de casa. María no trabajaba fuera del hogar, porque tenía niños pequeños y porque Pedro le decía que el hombre tiene que mantener a la familia y las mujeres son para atender al marido y los hijos. Los dos eran analfabetos y ambos tenían 22 años. No estaban casados, pero habían vivido juntos durante cinco años y tenían tres niños. María estaba embarazada de nuevo. Antes vivían en el campo y habían emigrado a la ciudad un año antes, buscando una vida mejor. Pero al preguntárseles qué era para ellos una vida mejor, no estaban seguros de lo que eso significaba exactamente, cómo podían obtenerla y qué harían si la consiguieran. Esta y otras "familias González" pueden enseñar mucho sobre la pobreza y motivar a desarrollar un cuidado pastoral que produzca cambios en sus vidas.

1. Describa la vida de alguna familia que usted conoce que se parezca a los González.
2. Si Pedro trabaja tanto, ¿por qué su familia sigue siendo desesperadamente pobre?
3. ¿Que factores sociales y personales participan en la perpetuación de la pobreza de los González?
4. ¿Cómo se podría definir la pobreza?

Ante el dolor de la pobreza y sus consecuencias frecuentemente hay un sentimiento de impotencia. No es fácil escribir sobre la pobreza sin dejar de sentir que se está haciendo de una forma superficial. Ante problemas complejos, se necesitan análisis profundos y propuestas acertadas. Aquí, sin embargo, apenas se expondrán unas pocas reflexiones sobre este asunto, conscientes de que hay mucho más que decir y examinar.

Tampoco es tarea fácil definir las causas de la pobreza en América Latina. Hay muchas ideas sobre este problema. En nuestro continente se presenta una pobreza colectiva que muestra una insuficiencia permanente en grandes masas de población, además del empobrecimiento, todavía peor, a causa de los desastres naturales, la guerra, o la migración del campo a la ciudad.

En este capítulo se estudiarán cuatro puntos de vista: (a) socioeconómico, (b) desde la perspectiva de género, (c) étnico, y (d) antropológico. No obstante, se hará un análisis psicoterapéutico en el capítulo dos y un análisis teológico en el capítulo tres.

1.1 Punto de vista socioeconómico

Esta perspectiva afirma que una de las causas de la pobreza es el neocolonialismo, el cual se define como un dispositivo por medio del cual grandes partes de América Latina, Africa y Asia se incorporaron a la economía capitalista internacional (CMI 1975, 23). Durante los años 60, hubo un gran cambio de perspectiva en el campo económico latinoamericano. En 1965, nació la *teoría de la dependencia* con una declaración firmada por alrededor de cien economistas de diecisiete países latinoamericanos, que marca la ruptura metodológica y política de las teorías económicas positivistas norteamericanas.

Con respecto al desarrollo y subdesarrollo[1] hay dos ideas principales. La primera, la *teoría del desarrollo*, dice que ambos están en el mismo proceso lineal, por consiguiente, los países subdesarrollados se desarrollarán siguiendo un curso natural de eventos.

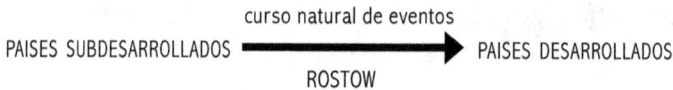

curso natural de eventos

PAISES SUBDESARROLLADOS ➡ PAISES DESARROLLADOS

ROSTOW

La segunda idea, la *teoría del subdesarrollo*, es que todas las economías están inter-relacionadas,

------

1 Estos términos pertenecen a la ideología del sistema capitalista, cuyos valores van orientados a la economía de consumo y no a los valores del ser humano. Según esta ideología los valores supremos son aquellos relacionados con la posesión de capital, tecnología y bienes. Las sociedades que las tienen son llamadas "desarrolladas", las que no son denominadas "subdesarrolladas". Otros valores, como los del Reino de Dios: justicia, paz, amor, respeto, igualdad, etc., no son tomados en cuenta en esta lógica de pensamiento.

pero que se están moviendo en sentido opuesto unas a otras. O sea, los países ricos son cada vez más ricos y los pobres cada vez más pobres.

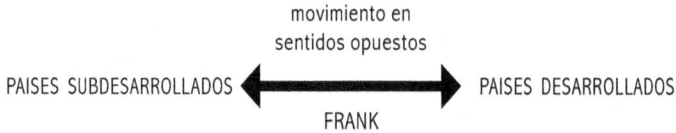

movimiento en
sentidos opuestos

PAISES SUBDESARROLLADOS ◀━━━━━▶ PAISES DESARROLLADOS

FRANK

El proceso lineal ha sido defendido por Rostow (1960), que dice que todos los países subdesarrollados necesitan atravesar fases similares para desarrollarse. Por otro lado, Frank (1971) señala que estas fases y la tesis de Rostow son incorrectas porque no corresponden en absoluto a la realidad pasada o presente de los países llamados subdesarrollados. En condiciones actuales, los países subdesarrollados no podrían desarrollarse debido a la falta de las condiciones que Rostow menciona. Por ejemplo, no tienen dinero en superávit para empezar el proceso y, cuando un país gana suficiente dinero, a menudo sus líderes se lo apropian debido a la corrupción política y empresarial.

La *idea antitética*, por otro lado, establece que el desarrollo produce subdesarrollo y considera que el subdesarrollo es causado por la relación entre los países del centro y los de la periferia.

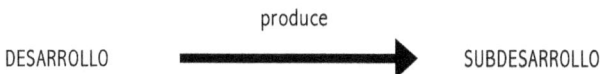

produce

DESARROLLO ━━━━━▶ SUBDESARROLLO

Según Hinkelammert (1983a, 16)

> Si bien puede decirse que existen países
> desarrollados junto a países subdesa-
> rrollados, hay que insistir siempre en que
> estos últimos se subdesarrollan
> formando partes o apéndices de los
> primeros. La teoría del subdesarrollo
> debería explicar por qué existen y surgen
> zonas subdesarrolladas en un mundo
> impregnado por la dinámica del
> desarrollo de sus centros.

Los países del centro (países desarrollados)
tienen el poder económico, el cual gobierna el
subdesarrollo de algunos países y el desarrollo
de clase, tecnología, poder de decisión y el
comercio.

La *teoría del desarrollo* ha enseñado que es
necesario difundir capital, tecnología e
instituciones. Sin embargo, la expansión de capital causó una deuda significante en países
subdesarrollados (véase Hinkelammert 1988). La
tecnología sólo fue difundida en parte y también
causó dependencia con las economías del centro
que son las que deciden los precios de las
materias primas y los productos manufac-
turados, además de ser las que promueven o
impide las exportaciones a través de la
colocación de cuotas. Las instituciones se
centraron en el liberalismo económico y se
interesaron en repetir el estilo de vida de "alto
nivel" de los centros.

Estos factores, unidos a otras situaciones
sociales, como violencia y catástrofes naturales,

han generado pobreza en grandes sectores de la población. Algunos países latinoamericanos estuvieron por varias décadas gobernados por juntas militares que invertían un alto porcentaje del presupuesto nacional en armamento. Actualmente, muchos de los países latino-americanos son gobernados por una clase política que principalmente vela por sus propios intereses.

1.2 Pobreza desde la perspectiva de género

> Más del 70% de las personas que viven en pobreza absoluta, son mujeres. BID, 1997.

No debe olvidarse otro factor que produce pobreza: el género. La discriminación contra la mujer la ha hecho más pobre. La IV Conferencia de la Mujer organizada por la ONU (Pekín, 1995) denunció que *"la pobreza tiene rostro de mujer"*. Las mujeres son las más pobres entre los pobres.

El término **feminización de la pobreza** "...se encuentra asociado a la mayor posibilidad de las mujeres de ser pobres, como sinónimo de mayor visibilidad y de mayor toma de conciencia de sí mismas. Y de las condiciones de vida de la mujer en la pobreza (...) Más allá de las diferencias en el debate es importante ver las causas de la pobreza de las mujeres, los mecanismos particulares que generan su empobrecimiento y sobre todo demostrar la necesidad de respuestas políticas y sociales, capaces de prevenir y aminorar la pobreza" (Persta y otras, 1994).

Condiciones básicas de las mujeres empobrecidas:

▸ Discriminación debido a su condición de género.

▸ Desvalorización de su aporte a la economía.

▸ Invisibilidad de su trabajo productivo y reproductivo.

▸ Dejadas en último lugar en la fila de acceso a la educación y salud.

En las últimas décadas se ha registrado un aumento considerable de personas que viven en la miseria, consecuencia, en larga medida, de la prolongada crisis económica mundial y de los ajustes estructurales, del fracaso de las iniciativas de los estados para luchar contra la pobreza y de los conflictos civiles que se desencadenaron en muchas regiones del mundo.

Este fardo recae de forma desproporcionada sobre las mujeres. El acceso de las mujeres a los recursos económicos y a los de otra naturaleza es considerablemente menor que el de los hombres. Las mujeres deben proveer para los gastos del hogar en situaciones de escasez cada vez más graves, obligadas con frecuencia a hacer ajustes que, en su mayoría, no son tenidos en consideración. Se registra también un aumento significativo del número de mujeres cabezas de familia con personas a su cargo.

Informes estadísticos:

▶ Las mujeres constituyen cerca de 60% de la población rural pobre del mundo que ultrapasa los mil millones de personas.

▶ En 1988 fue evaluado en 564 millones el número total de mujeres que vivían en situación de pobreza en las zonas rurales, lo que correspondía a un aumento de 47% en relación con los valores del período comprendido entre 1965 y 1970.

▶ Un tercio de las familias de todo el mundo está a cargo de mujeres. El porcentaje más elevado de mujeres cabezas de familia en los países subdesarrollados se registra en África y, en segundo lugar, en el grupo de países menos desarrollados, donde llega al 23%.

¿Por qué las mujeres son las más empobrecidas?

Seguiremos el análisis presentado por Gabriela Rotondi (2000, 33-39), completándolo con otros estudios. La afirmación básica es la siguiente: Hay muchas más posibilidades de que una familia se empobrezca si tiene a una mujer como cabeza de hogar recibiendo un solo ingreso, de por sí menor por ser mujer. Las oportunidades de trabajo fuera del hogar están ligadas al estudio, al cual las mujeres no siempre tienen acceso debido a la preferencia que se hace por la formación de los hombres.

Algunos factores a tener en cuenta en este análisis son:

1. Las mujeres generan ingresos dentro de la *división sexual usual de trabajo*, o sea, deben producir ganancia desde los trabajos domésticos tradicionales, siempre en el marco de la reproducción cotidiana, cocinar, coser, planchar, limpiar la casa, cuidar, criar, etc.

Las maquilas en Centroamérica

En Nicaragua, por ejemplo, el censo de 1995 arrojó datos indicando que el 70% de las mujeres que están empleadas se encuentran en el sector informal y sus ingresos son 26% menores en relación con el ingreso de los hombres.

Las maquilas en las zonas francas se han multiplicado en las afueras de las ciudades. Ahí trabajan alrededor de 10 mil mujeres (20% entre 15-20 años; 37% entre 21-25 años) con ingresos entre 42 y 75 dólares mensuales. Las jornadas laborales son fatigantes, con un horario y disciplina rígidos, con problemas de seguridad e higiene. Se registran castigos físicos como medio de control de los conflictos laborales perpetrados por supervisores extranjeros. (Vargas 1998)

---

2. Los trabajos domésticos se caracterizan por la *invisibilidad* tanto en su perspectiva privada como económica, ya que no son tomados en cuenta en los análisis de mercado. Son considerados como parte de la economía informal y, por lo tanto, no se destacan ni se remuneran.

> ▶ Si el trabajo doméstico de las mujeres fuese debidamente remunerado e incluido en los números relativos al rendimiento nacional, el producto nacional bruto aumentaría entre 20 y 30%.

> ▶ Las mujeres representan, actualmente, el 41% del total de la mano de obra en de los países desarrollados y 34% a escala mundial. Así y todo, sus salarios son 30% a 40% inferiores a los que los hombres reciben por un trabajo similar.

3. Además, se configuran dentro de un *patrón de relaciones de subordinación de género*, que define a las mujeres como responsables únicas de los trabajos domésticos y se circunscriben casi exclusivamente al ámbito privado de la familia.

> *El amor de mi hombre no le huirá a las cocinas,*
> *ni a los pañales del hijo,*
> *será como un viento fresco llevándose entre*
> *nubes de sueño y de pasado,*
> *las debilidades que, por siglos,*
> *nos mantuvieron separados como seres*
> *de distinta estatura.*
>
> Gioconda Belli
> De la Costilla de Eva

4. Las tareas domésticas invisibles, sin remuneración y en un marco privado, necesitan de un fundamento, la afectividad, conllevando

a la *sobrecarga*. Esto se muestra en las tareas centrales de la reproducción, como el cuidado de hijas e hijos, de ancianas y ancianos, además de asistir a las reuniones de escuela, llevar a los enfermos al médico, etc.

> *Ella vive en dos piezas sin letrina ni agua,*
> *con su marido minero y siete hijos.*
> *El octavo hijo anda queriendo*
> *salir de la barriga.*
> *Cada día Domitila cocina, lava, barre, teje, cose,*
> *enseña lo que sabe y cura lo que puede*
> *y además prepara cien empanadas*
> *y recorre las calles buscando quien compre...*
>
> Moema Viezzer
> Si me permiten hablar...

5. Esta sobrecarga lleva a una *pobreza de tiempo*. Las mujeres empobrecidas generalmente tienen que buscar trabajo fuera del hogar dentro de un radio restringido - cercano a la casa y a la escuela, casa de familiares, etc. Esto limita la búsqueda de mejores posibilidades laborales.

6. Hay muchas mujeres empobrecidas en zonas rurales de América Latina y el Caribe, cuyo perfil socio-demográfico es el siguiente (IICA 2000, 20):

▸ Hay aproximadamente 75 millones de mujeres en zonas rurales que representan el 30% de la población total de América Latina y el Caribe.

▸ La jefatura de hogar a cargo de mujeres rurales va en aumento, debido principalmente a la migración de mano de obra masculina a causa de conflictos político-militares, por razones ambientales o por cambio de estructura familiar.

El porcentaje de jefas de hogar en zonas rurales se presenta así:

Paraguay	8%	Ecuador	33%
Sur Brasil	12%	Costa Rica	34%
Perú	13%	Suriname	34%
Uruguay	14%	Venezuela	34%
Bolivia	17%	Guyana	40%
Colombia	19%	Guatemala	43%
Panamá	27%	Barbados	47%
Honduras	29%	El Salvador	47%
Nicaragua	31%	Jamaica	57%

(IICA 2000, 20)

7. Los factores anteriormente mencionados apuntan hacia otro elemento, *la salud de las mujeres.* La vulnerabilidad básica que muchas mujeres experimentan se manifiesta claramente en aquellas sobre las que recae la responsabilidad económica y de cuidado de la familia. Algunos indicadores son: (a) Las mujeres que desempeñan trabajos fuera del hogar,

especialmente si son tareas domésticas, *no siempre reciben cobertura del seguro social laboral obligatorio* para ellas y su familia. (b) Las mujeres se sienten obligadas a cumplir los mandatos sociales de "hacerse cargo de los otros" y de "ser para otros", colocando su propia salud en segundo plano. (c) Las mujeres empobrecidas tienen una carencia alimentaria endémica, es decir, hay necesidades deficitarias en alimentación y salud desde épocas tempranas, las cuales dejan huellas profundas e irreparables. Estos indicadores convierten a las mujeres pobres en sujetos vulnerables, con una salud frágil para enfrentar las exigencias que la sociedad y la familia les imponen.

Los factores hasta aquí estudiados contestan, aunque sea en parte, a la pregunta de porqué las mujeres son las más empobrecidas. Ellas sufren de pobreza estructural y son producto de varias generaciones de empobrecimiento. Son "… quienes, mediante mandato social, sostienen el hilo de las historias familiares, transitando por varias generaciones un mismo hábitat, la villa. Creemos que esto particulariza las caras femeninas de la pobreza…" (Rotondi 2000, 39).

¿Cómo proporcionar a las mujeres los medios para vencer la pobreza?

En Pekín, 1995, se propuso lo siguiente:

1. Promover la independencia económica de las mujeres y su acceso a una educación de calidad y a los servicios de salud.

2. Impulsar políticas económicas nacionales e internacionales que tengan en cuenta los problemas específicos de las mujeres.

3. Dar oportunidades económicas a las mujeres pobres.

4. Dar a las mujeres de las zonas rurales igual acceso a los recursos productivos, inclusive el reconocimiento legal al derecho de propiedad de las tierras, concesión de créditos y servicios de extensión rural.

5. Tener en consideración las necesidades de las trabajadoras inmigrantes y de mujeres desplazadas.

Aunque las mujeres son de hecho productoras primarias de alimentos y contribuyen significativamente a la actividad económica, están en gran medida excluidas del proceso de toma de decisiones sobre asuntos económicas. En la mayor parte de las sociedades, les es negada la igualdad de acceso al control de varios medios de producción, incluyendo la tierra, el capital y la tecnología y su trabajo es mal pagado y subestimado. A pesar de eso, la experiencia muestra que, cuando las mujeres reciben acceso a los recursos, la tecnología y a la educación, ellas son capaces de asumir un papel preponderante en el desarrollo económico.

¿Cómo promocionar la autosuficiencia económica de las mujeres?

En Pekín, 1995, se propuso:

1. Acciones eficaces destinadas a ayudar a las mujeres a sobrepasar obstáculos, entre los cuales figuran la elaboración de programas de empleo orientados concretamente para las mujeres, la concesión de préstamos y la introducción de programas y cursos de formación en áreas de trabajo no convencionales.

2. La promoción de salario igual para trabajo igual.

3. La creación de un ambiente de trabajo que apoye las mujeres, incluyendo permiso de maternidad y trabajo en régimen de tiempo parcial con subsidios y horario flexible.

4. La eliminación del asedio sexual en el local de trabajo.

1.3 Punto de vista étnico

Además del factor género, hay otro que es importante considerar en un estudio sobre la pobreza en América Latina: **el étnico.** Hay dos grupos que, además de ser pobres, son discriminados: los pueblos originarios y los negros. Según Zea (1984, 89-108), "negritud" e "indigenismo" son conceptos ideológicos que enarbolan como bandera los grupos que buscan la reivindicación de los originarios de Africa y América Latina sobre la connotación que los pueblos dominadores quisieron atribuirles. Es una lucha contra la justificativa, de parte de quienes conquistan y colonizan, del derecho de dominio. Lo indígena como problema es un invento de los grupos poderosos que tratan de justificar la explotación sobre los pueblos originarios.

Hay cuatro países que tienen un gran porcentaje de población originaria: Guatemala, Ecuador, Perú y Bolivia (Viezzer, 1978). Según estudios indican que Guatemala tiene un 53% de población indígena, el 40% de la población habla un idioma nativo, entre los 21 grupos étnicos descendiente de los mayas, cada uno con su propio idioma. En Perú, el quechua es hablado por 27% de la población y el aymara por un 30%. En mayo de 1975, el quechua se declaró como la segunda lengua oficial en Perú porque más de la mitad de la población lo habla. Alrededor de la mitad de la población boliviana es amerindia que habla el aymara (25.22%) y el quechua (34.4%). La esperanza de vida en Bolivia es 50, en Perú 58, y en Guatemala 59 años.

Es importante aclarar, sin embargo, que los pueblos originarios no son ni completamente nativos ni están desapareciendo. Casi invariablemente, son bastante híbridos y normalmente saludables. Podrían ser considerados, en general, como personas pobres económicamente, pero con una cultura rica y tradiciones que les dan identidad.

Cuando era niño, mi abuela me contó la fábula de los ciegos y el elefante.
Estaban los tres ciegos ante el elefante.
Uno de ellos le palpó el rabo y dijo:
- Es una cuerda.
Otro ciego acarició una pata del elefante y opinó:
- Es una columna.
Y el tercer ciego apoyó la mano en el cuerpo del elefante y adivinó:
- Es una pared.
Así estamos: ciegos de nosotros, ciegos del mundo. Desde que nacemos, nos entrenan para no ver más que pedacitos. La cultura dominante, cultura del desvínculo, rompe la historia pasada como rompe la realidad presente: y prohibe armar el rompecabezas.

El elefante
Eduardo Galeano en
Ser como ellos y otros artículos

Hablando de la población negra, en algunos países no se siente como parte de la cultura, sobre todo porque es la minoría y por muchos años vivió en zonas aisladas. Este es el caso de la costa caribeña de Costa Rica y Nicaragua, donde el idioma principal no es español sino inglés, y la religión principal no es católica sino protestante (véase Stennettee y Chevanes 1983, 65-73).

Pero la situación de Brasil es diferente. Brasil tiene la segunda población negra más grande del mundo (después de Nigeria) y, sin embargo, fue el último en abolir la esclavitud negra (13 de mayo de 1888). Se dice que en Brasil no hay una marcada discriminación racial, afirmación que no está de acuerdo con la realidad cotidiana. Brasil es considerado un país blanco, donde los negros no tienen suficientes oportunidades a menos que adopten conductas y actitudes blancas. Por eso, entre la población negra parece existir la ideología del *branqueamento* que podría destruir la cultura de origen africano que todavía sobrevive.

En lo alto de la noche de Río de Janeiro,
luminoso, generoso,
el Cristo del Corcovado extiende sus brazos.
Bajo esos brazos encuentran amparo los nietos
de los esclavos.
Una mujer descalza mira al Cristo,
desde muy abajo,
y señalándole el fulgor, muy tristemente dice:
—Ya no va a estar.
Me han dicho que lo van a sacar de aquí.
—No te preocupes —le asegura una vecina—.
No te preocupes: Él vuelve.
A muchos mata la policía,
y a muchos más la economía.
En la ciudad violenta,
resuenan balazos y también tambores:
los tambores, ansiosos de consuelo y de
venganza, llaman a los dioses africanos.
Cristo solo no alcanza.

Eduardo Galeano, El libro de los abrazos.

En general, los negros tienen que enfrentar el hecho que tienen la nacionalidad de los países donde viven pero, al mismo tiempo, no son aceptados completamente por sus compatriotas como compañeros en igualdad de condiciones, pero tampoco son africanos. Ambos conflictos, *ser y no ser* y *negarse a la sociedad dominante pero querer pertenecer a ella,* indica que se ha creado un sistema de doble pensamiento.

En la América Latina moderna, también existe discriminación y segregación a los pueblos originarios. En áreas urbanas generalmente viven en determinados barrios y en áreas rurales viven a veces lejos de la gente *ladina,* probablemente porque todavía sienten su dominación. Por esta razón, Rigoberta Menchú, un testamento vivo de la lucha de los pueblos originarios,

> no nos permite olvidarnos e insiste en gritarnos lo que nosotros siempre nos negamos a ver. Nosotros latinoamericanos estamos listos a denunciar las relaciones desiguales que existen con América del Norte, pero tendemos a olvidarnos que también somos opresores y que también estamos envueltos en relaciones que sólo pueden describirse como coloniales. Las personas indias se diferencian en América Latina y ellos sólo se toman en cuenta cuando se necesita su fuerza laboral (Burgos-Debray, 1998).

A pesar que los pueblos originarios y la gente negra han sido sistemáticamente discriminados, no hay duda que los primeros han estado en una situación diferente de los negros. Los pueblos originarios tienen una cultura, un idioma y tradiciones que les pertenecen y los mantienen vivos. Es más, no son conocidos por su origen étnico o raza, como los negros, sino por su cultura, azteca, maya, inca o chibcha y, hoy día, mucha gente está orgullosa de su linaje originario.

Es interesante la afirmación de Zea que dice que la negritud y el indigenismo tienen origen distinto. La negritud como toma de conciencia de dominación y discriminación basada en la supuesta superioridad de la raza blanca, tiene su origen en las mismas personas negras que se niegan a seguir sufriendo debido al color de su piel. Mientras, el indigenismo no es un concepto ideológico creado por el indio mismo, sino por la gente criolla o mestiza. Los pueblos originarios no parecen exigir el reconocimiento de su humanidad, ya que se siente parte de una humanidad milenaria concreta. Pero la gente mestiza o criolla parece necesitar su afirmación como ser humano concreto de América Latina. Es esta persona quien busca definirse como una expresión concreta para establecer la necesaria unidad de su ser (Zea 1984, 91s).

1.4 Punto de vista antropológico: La cultura de la pobreza

Con relación al punto de vista antropológico, Oscar Lewis (1966, 19-25) ha desarrollado una teoría que sostiene que la "cultura de la pobreza" está presente en todas las sociedades.

> La cultura de la pobreza no es solamente un asunto de privación o desorganización, un término que signifique la ausencia de algo. Es una cultura en el sentido antropológico tradicional la cual diseña un estilo de vida a los seres humanos, con una serie de normas listas para enfrentar y solucionar los problemas humanos, y que, entonces, sirve a la función significativa de adaptación (Lewis 1966, 19).

Lewis afirma que algunas personas han vivido en la cultura de pobreza por generaciones y tienen que sobrevivir en ella. A pesar del hecho que se encuentran personas que pertenecen a la cultura de pobreza en países y culturas diferentes, "su conducta parece tener patrones claros y bastante predecibles" (Ibid., 21).[2]

---

2 Lewis sostiene que alrededor de los seis o siete años, los niños de los barrios pobres ya han absorbido las actitudes básicas y valores de su subcultura. Eso hace que psicológicamente no estén listos para tomar completa ventaja de los cambios y las oportunidades que se les presenta que deben desarrollar en su vida.

Según Lewis (1979, pp. XV-XVIII), las familias que pertenecen a la cultura de pobreza generalmente presentan:

- Alta tasa de mortalidad.

- Esperanza de vida más corta.

- Niños, niñas y mujeres normalmente trabajan.

- No tienen afiliación a ningún servicio médico.

- Vivienda de un solo cuarto, sin ninguna privacidad.

- Uso frecuente de violencia en la educación infantil.

- Violencia contra las esposas.

- Vida sexual activa desde temprana edad.

- Parejas formadas en unión libre.

- Frecuente abandono de esposas e hijos.

- Tendencia a una familia centrada en la madre y, por tanto, relaciones íntimas con los parientes maternos.

- Predominio de la familia nuclear.[3]

- Predisposición al autoritarismo y la gran insistencia en solidaridad familiar, un ideal raramente cumplido.

- La creencia popular en la superioridad masculina y gran preocupación en afirmar el machismo, su masculinidad.

3 Esta afirmación hay que estudiarla con cuidado. Muchas familias pobres viven en familias extendidas para cuidarse o ayudarse económicamente.

Por ejemplo, en los barrios pobres de Londres, ciudad de México y Puerto Rico y barrios pobres de negros en Estados Unidos, se encuentran similitudes en: las estructuras familiares, la naturaleza de los lazos del parentesco, la calidad de relaciones esposo-esposa y padres-hijos, la ocupación del tiempo, los patrones de consumo, los sistemas de valores y el sentido de comunidad (Lewis 1987,17).[4]

No obstante, no todas las personas pobres pertenecen a la cultura de pobreza. Este fue el caso de los judíos que vivieron en Europa Oriental. Su tradición, cultura y religión les dieron identificación con el resto de los judíos en el mundo. Igualmente, este es el caso de aquellas personas que son pobres pero que no tienen las características de las personas de la cultura de pobreza. De la misma forma, no todas las personas que dejan de ser pobres económicamente, abandonan la cultura de pobreza.

Por eso es que el autor afirma que quienes pertenecen a la cultura de pobreza no constituyen una clase sino una cultura con ciertas

---

4 Esta es una investigación antropológica de cinco familias mejicanas que emigraron de Tepoztlán a la ciudad de México. Se copilan ahí los descubrimientos de los cambios importantes en los conceptos antropológicos que tienen lugar durante el paso de la vida rural a la vida urbana.

actitudes hacia la vida. Eso se debe a que no tienen conciencia de clase, desconocen su propia historia y el hecho de que alrededor del mundo existen millones que tienen problemas similares. Parece que solamente conocieran sus propios problemas y tuvieran un gran sentimiento de soledad y la sensación de no pertenecer a nada.

No obstante, a partir del momento en que los pobres descubren su historia, se dan cuenta que hay otros en el mundo en situación parecida y empiezan a pertenecer a uniones laborales o a sindicatos, dejan la cultura de la pobreza aunque continúen siendo desesperadamente pobres.

Lewis también considera que la cultura de pobreza nace en contextos históricos diferentes. Normalmente empieza cuando un sistema social estratificado atraviesa por un proceso de desintegración o por cambios. La transición del feudalismo a capitalismo es un caso. Otra situación que puede crear la cultura de pobreza son las conquistas donde las personas se consideran sirvientes por varias generaciones. Una tercera situación es la desaparición del sistema tribal y la emigración de las zonas rurales a las urbanas. En América Latina la combinación de estas situaciones ha permitido la emergencia de la cultura de pobreza desde la conquista española donde la pobreza no es una situación transitoria, sino permanente (Lewis 1979, p. XIX).

Según Lewis, hay una manera de erradicar la cultura de pobreza, no la pobreza en sí misma. La forma es procurar cambiar el sistema de valores, el auto-concepto, las actitudes y el sentimiento de exclusión que mucha gente siente en su propio país. A finales de los 70, él encontró en Cuba, por ejemplo, que a pesar de que la gente continuaba siendo pobre después de la revolución, mostraban mucho menos el sentimiento de desesperación y apatía, y tenían un nuevo sentido de poder e importancia (Lewis, 1977, 1978). Nótese las fechas de las publicaciones porque la situación socioeconómica de Cuba ha cambiado desde entonces .

Es importante, sin embargo, declarar que la teoría sobre la cultura de la pobreza de Lewis ha sido criticada y es controvertida en el campo de la antropología (véase Valentine 1968, Townsend 1979, Labbens 1966, Schorr 1964). Sin la intención de defender el cien por cien la teoría de Lewis, resaltaré algunos puntos que podrían ayudar en la comprensión de la pobreza en América Latina.

▸ El primero es la transmisión de valores. Ese hecho es innegable en el proceso educativo familiar, pero deseo enfatizar que la transmisión de valores de generación a generación en familias pobres, no debe ser considerada como un hecho determinista. Las familias pobres pueden romper la cadena cuando se dan cuenta de su situación de miseria o cuando se unen con otras personas pobres para esforzarse contra la pobreza, o cuando cambian su actitud hacia la vida.

▸ El segundo punto es la importancia que los cambios históricos en América Latina tuvieron para crear y perpetuar la pobreza. Ejemplo de ello es la desaparición del sistema tribal y la emigración rural a las zonas urbanas. Este último es considerado un fenómeno serio e importante para darle atención pastoral. Ese es el caso de Colombia, donde existen millares de familias desplazadas huyendo de la violencia tanto de los grupos guerrilleros como de los paramilitares.

Teniendo presente todos estos conceptos de pobreza, en este trabajo intentaré definir quiénes serán considerados como empobrecidos en América Latina. Este es un concepto no terminado, sino que se irá desarrollando durante todo el libro. Entonces, ¿quiénes serán los empobrecidos en un continente como América Latina en que la inmensa mayoría es pobre?

Los empobrecidos a los que nos referimos son: La gente que tiene hambre, que les falta un techo bajo el cual resguardarse, que están enfermos y no son atendidos por un médico, que no pueden ir a la escuela y no saber leer, y que sin van a la escuela, pierden los años escolares por falta de organización en el hogar, poca alimentación y falta de motivación en casa.

Son todas aquellas mujeres y hombres que están sin empleo o subempleados, que tienen pocas esperanzas de encontrar trabajo, que tienen miedo al futuro, y que tienen que vivir día a día.

Son aquellos que pierden hijas e hijos debido a enfermedades relacionadas con el agua impura, que se sienten impotentes y no tienen representación y libertad.

Es la masa de gente que está desplazada de sus tierras a raíz de la violencia y la guerra, que se encuentran desarraigados y sin sentido de pertenencia, que se sienten aislados y solitarios.

Son todas aquellas personas que no tienen poder político, económico ni social, que no pertenecen a ninguna organización, que son explotadas, oprimidas y que necesitan que se les haga justicia.

La pobreza es una situación de la que la gente quiere escapar. Por lo tanto la pobreza es una llamada a la acción. La pobreza es una llamada a soñar el mundo de otra forma donde la gente tenga suficientes alimentos, cobijo, educación y salud, que tengan respeto, visibilidad, protección de la violencia y que tengan voz en sus comunidades.

2

TERAPIA FAMILIAR
ENFOQUE ESTRUCTURAL
Y ECOSISTÉMICO

El objetivo de este capítulo es plantear y estudiar el marco teórico que sustenta la perspectiva eco-estructural de la terapia familiar. La pregunta subsecuente es por qué se escogió este abordaje y no otro. Fue elegido, entre otros enfoques de terapia familiar, por las siguientes razones: (1) Porque construyó su marco teórico trabajando con familias empobrecidas y todavía continúa investigando en este campo; (2) porque evalúa la situación de la pobreza en su propio contexto; y (3) porque propone una terapia pertinente para la gente empobrecida. Aclaramos que aunque la terapia eco-sistémica se desarrolló en otra situación sociocultural (Estados Unidos, en la década de los 60), considero que su metodología y terapia pueden aplicarse en América Latina haciendo la adecuada contextualización.

En los años 1950, en los Estados Unidos, hubo una innovación importante en el campo de la terapia psicológica, pasando de una perspectiva individualista a una sistémica. Las orientaciones individuales tradicionales, como el psicoanálisis, hasta entonces habían dominado el pensamiento psicológico. La orientación psicoanalítica considera la psicopatología como una reacción a las experiencias sociales, particularmente con los padres, y busca los síntomas dentro de la psique individual. Por el contrario, la orientación sistémica pesquisa las causas de los síntomas en el sistema de las relaciones significativas que influyen el sistema familiar.

Así como ocurrió con el movimiento de la terapia matrimonial, la terapia familiar se desarrolló más bien fuera del campo psiquiátrico como un movimiento interdisciplinario y, de acuerdo con Royce y Buss (1976), la interdisciplinaridad es la aplicación más exitosa de la teoría de sistemas. Por esta razón, entre los nombres representativos se encuentran profesionales de asistencia social como Harry J. Aponte; de etnología como Gregory Bateson; de psiquiatría como Nathan W. Ackerman, Murray Bowen, Don D. Jackson, Virginia Satir y Salvador Minuchin; de antropología como John Weakland; y de la psicología como Paul Watzlawick, Len Unterberger y Marvin Schneider.

2.1 Conceptos teóricos

En la década de los 1960 se despertó un gran interés social por los pobres, donde se analizaron las causas y naturaleza de los estadounidenses empobrecidos. En ese entonces, Harrington (1962) previno diciendo que la pobreza estaba volviéndose un estilo de vida, una cultura autoperpetuadora. Con ese interés como fondo, Minuchin y sus colegas (1967) de la Wiltwyck School, Nueva York, empezaron a crear y desarrollar un enfoque terapéutico con familias de nivel socioeconómico bajo y este fue el primer esfuerzo en explicar una perspectiva estructural en terapia familiar.

Este enfoque está basado en la Teoría de los Sistemas y el Estructuralismo. Según Bertalanffy, la introducción del concepto del sistema en psicología «...es una reversión radical con respecto a las teorías robóticas» (1971, 232) porque las personas no son seres reactivos autómatas sino sistemas activos de personalidad. Él insiste que el enfoque sistémico es una nueva forma de percibir la realidad y marca una ruptura con las formas anteriores de entender las relaciones. No es necesariamente un nuevo método, sino una nueva visión de las cosas. Éste implica una reorganización fundamental del pensamiento científico. Además, propone una metodología de trabajo interdisciplinario que facilita el trabajo, en el caso del acompañamiento pastoral, con las personas empobrecidas.

Este enfoque enfatiza, fundamentalmente, dos aspectos:

(1) Que existe organización y combinación entre las partes de un todo.

(2) Que ese conjunto de elementos se interrelacionan entre sí y con otros sistemas formando relaciones entre los subsistemas, sistemas y macrosistemas.

El término **totalidad**, contrario a sumatividad, contrasta con el de "montón". Un montón de papas, que sumadas dan 500, de ninguna forma es un sistema. Para constituirse en sistema, los elementos necesitan estar interrelacionados y organizados, de tal forma, que un cambio producido en una parte del sistema provoque cambios en todas las otras partes y en el sistema total. Esto quiere decir que el asunto clave es **la relación** entre los elementos y no la sumatividad o la colocación de uno a la par del otro. Se deduce, pues, que las **relaciones son circulares** y no lineales (Watzlawick y otros 1991, 120ss). Este enfoque permite la paridad en la relación y la seguridad que los grupos, que aparentemente no tienen poder, como en el caso de la gente empobrecida, pero que cuando se organizan y levantan su voz, serán oídos.

Los sistemas sociales como la familia, son parte de una estructura de **sistemas mayores** y, al mismo tiempo, están compuestos de elementos menores de **subsistemas**. No obstante, cada sistema tiene alguna independencia, pero sólo dentro de ciertos límites. Los límites permiten o excluyen el intercambio de información o energía entre ellos. De ahí que haya interacción mutua entre el sistema y su medio ambiente. Entonces, a pesar de que un sistema tiene cierto grado de autonomía, éste debe ser considerado en conjunto con otros sistemas.

Más aún, los sistemas sociales son **sistemas abiertos** porque pueden influir y ser influidos por otros sistemas. Ya que hay coordinación entre la información y energía que atraviesan los límites, significa que hay una organización jerárquica de un suprasistema. Estos sistemas coordinadores se llaman «subsistemas directivos» (Gurman y Kniskern 1981, 48). En el caso de la familia, el subsistema directivo lo debería formar la madre y el padre que controlan el sistema familiar.

La familia es un sistema abierto y se relaciona con otros sistemas sociales que contribuyen a la estructura de la conducta de sus miembros. Este tipo de pensamiento se llama "eco-estructural" porque tiene en cuenta «... la dinámica de cada sistema en ese contexto ecológico y la relación estructural mutua de los sistemas relacionados con el problema...» (Aponte 1976[a], 303) que la familia padece. La conducta de cualquier persona es influida tanto por factores interiores como glándulas, cerebro, memoria y motivación, como por factores externos, como padres, hermanos, escuela, barrio, estado socioeconómico, ocupación, color de piel, situación política y otros (Minuchin 1970, 41-57). Por consiguiente, el terapeuta familiar debe trabajar y usar todos estos sistemas con el propósito de introducir cambios en la familia.

Para los terapeutas familiares eco-estructuralistas, el comportamiento familiar es regulado por pautas transaccionales que rigen los intercambios. Las transacciones son demandas funcionales que organizan las maneras cómo, cuándo y con quién relacionarse. Cuando estas formas de relacionarse son repetidas se vuelven **pautas transaccionales** (Minuchin 1983, 86). Éstas tienen tres dimensiones: límites, alianzas y poder (Aponte 1976b, 434).

La primera dimensión estructural transaccional son los **límites**. «Los límites de un sistema están constituidos por las reglas que definen quiénes participan y de qué manera" (Minuchin 1983, 88). De esta forma, los límites protegen la diferenciación del sistema. Hay tres tipos de límites: rígido, claro y difuso.

Los subsistemas tienen *límites difusos* cuando la autonomía de los miembros se inhibe y los problemas en un subsistema o un miembro afecta intensamente a los otros. Los límites difusos llevan a un subsistema aglutinado.

Límites difusos

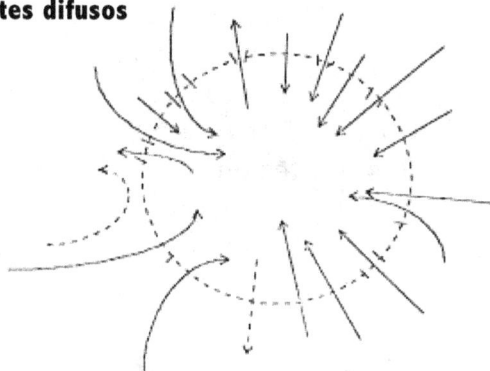

Al contrario, los subsistemas tienen *límites rígidos o impermeables* cuando hay tensión en un subsistema o un miembro. Este tipo de límite evita el interrelación y hay un desproporcionado sentido de independencia. Los límites rígidos llevan a un subsistema desligado donde no hay sentido de pertenencia.

Límites rígidos o impermeables

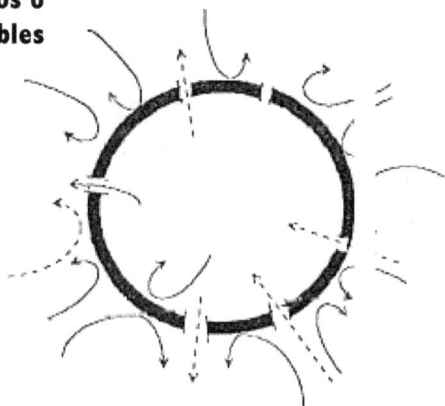

Por otro lado, los subsistemas tienen *límites claros* cuando los miembros pueden representar sus papeles, con solamente la interferencia debida pero, al mismo tiempo, permiten interrelación con los otros miembros. "La claridad de los límites en el interior de una familia constituye un parámetro útil para la evaluación de su funcionamiento" (Minuchin 1983, 90).

Límites claros

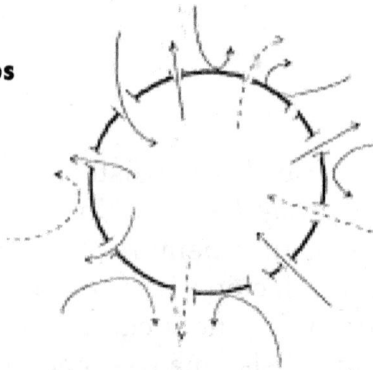

La segunda dimensión estructural transaccional en la familia son las **alianzas**. «La alianza se refiere a la unión u oposición de un miembro o un sistema a otro cuando realizan una tarea" (Aponte 1976b, 434). Cada miembro puede contar con otros miembros para cumplir con sus papeles sociales. Por ejemplo, un padre espera el apoyo de su esposa en problemas disciplinarios. Aunque un adolescente podría pedir el consejo de su madre para seleccionar ropa de alta calidad, seguramente buscará el consejo de su hermano, dos años mayor, sobre novias. Este mismo adolescente sabe a quién aliarse cuando necesita dinero, o ayuda en las tareas escolares, o compañía para ir a la discoteca.

La tercera dimensión estructural transaccional en la familia es el **poder**. «El poder define la influencia relativa de cada miembro en la realización de una actividad» (Aponte 1976b, 343). Éste es cuidadosamente distribuido de acuerdo a las necesidades de desarrollo de los miembros y de acuerdo a los objetivos del grupo. Aunque la distribución del poder tiene estabilidad, ciertamente requiere cambios conforme la familia se modi*fica*.

Con relación a la familia **funcional** o **disfuncional**, los terapeutas eco-estructurales consideran que esto depende de la adecuación de la organización estructural familiar necesaria para enfrentar las circunstancias (Aponte 1981, 313). Para ello se tiene en cuenta tanto la organización estructural de los patrones relacionales, en general, como los patrones relacionales de cada familia, en particular, con su propia idiosincrasia (cultura y las condiciones socioeconómicas). Dentro de las circunstancias se tiene en cuenta el contexto de la familia porque la experiencia de la familia es influida por la interacción con su propio ambiente específico, época, lugar y parámetros sociales.

Los conceptos estructurales relacionados con los **límites disfuncionales** son:

- *relación aglutinada*
- *relación desligada*
- *violación de límites de la función.*

Los conceptos estructurales relacionados a las **alianzas disfuncionales** son:

* *coalición estable*, alianza inflexible de algunos miembros contra otro u otros.

* *triangulación*, grupos opuestos que escogen a un mismo miembro para aliarse pero, al mismo tiempo, lo usan contra el otro grupo. Por ejemplo, ambos padres divorciados escogen a uno de sus hijos para aliarse. El hijo queda entrampado.

s *desviación del conflicto*, miembros opuestos disminuyen la tensión entre ellos definiendo que la fuente de su problema se origina en un tercer miembro familiar. Por ejemplo, dos cuñadas se unen para oponerse a la suegra y así diluir la tensión entre ellas (Minuchin 1978, 106).

Los conceptos estructurales relacionados con **disfunciones en el poder** son (Aponte 1981, 314):

* *falta de poder funcional en el sistema*

* *funcionamiento ejecutivo débil*

* *inhibición del potencial de desarrollo*

No obstante, Aponte (1981, 313) apunta que

> Las estructuras disfuncionales no son específicas a los síntomas, puesto que lo que indica la ausencia o presencia de un problema es que la familia y sus subsistemas se adecuen a los requerimientos de las funciones en circunstancias específicas.

Una familia aglutinada con límites difusos (que se catalogan como disfunciones) debe ser considerada funcional cuando ésta enfrenta una crisis externa fuerte y necesita tener momentos de afecto íntimo, llorar todos juntos. Por ejemplo, cuando un miembro de la familia muere, los límites casi desaparecen de tal forma que si uno de los miembros comienza a llorar los otros rompen a llorar también.

Entonces, una familia funcional es aquella que tiene una estructura definida, bien elaborada, flexible y cohesiva. Además, es capaz de adaptar su estructura a los cambios del medio ambiente y es cuidadosa tanto con las necesidades del sistema familiar, como un todo, como con sus miembros, en forma individual.

Fuente: MAP Internacional, cartilla "Qué es y cómo cuidar el ecosistema de la familia".

2.2 Terapia eco-estructural con familias empobrecidas

Antes de entrar en asuntos teóricos, analice el siguiente pensamiento:

Las dos pobrezas

Es útil separar una concepción cultural que considera la pobreza como subsistencia, de la experiencia material de la pobreza que resulta del desposeimiento y la privación. La pobreza percibida culturalmente no necesariamente es auténtica pobreza material: las economías de subsistencia que satisfacen las necesidades básicas mediante el autoabastecimiento no son pobres en el sentido de estar privadas de algo. Sin embargo, la ideología del desarrollo las declara tales porque no participan abrumadoramente en la economía de mercado y no consumen mercancías producidas para el mercado y distribuidas a través del mismo, aun cuando puedan estar satisfaciendo esas necesidades mediante mecanismos de autoabastecimiento.

Se consideran pobres a las personas que comen mijo (cultivado por mujeres) en vez de los alimentos preparados que se producen y distribuyen comercialmente y los venden ciertas firmas dedicadas a negocios agrícolas que operan en todo el mundo. Se las considera pobres si viven en casas construidas por ellas con materiales naturales como el bambú y el barro en vez de vivir en casas de cemento. Se las considera pobres si usan prendas de vestir hechas a mano de fibras naturales en vez de sintéticas. La subsistencia, como pobreza percibida culturalmente, no necesariamente implica una baja calidad material de vida. Por el contrario, desde el punto de vista nutritivo el mijo es muy superior a los alimentos procesados: las viviendas construidas con materiales locales son muy superiores, por adaptarse mejor al clima y a la ecología local; las fibras naturales en la mayoría de los casos son preferibles a las fibras hechas por el hombre y sin duda más accesibles desde el punto de vista económico.

Esta percepción cultural de la prudente subsistencia como pobreza legitimó el proceso de desarrollo como un proyecto para eliminar la pobreza. Como proyecto culturalmente tendencioso destruye los estilos de vida sanos y sostenibles y crea verdadera pobreza mate-rial, o miseria, al desatender las necesidades de subsistencia mismas por desviar recursos hacia la producción de mercancías. Los cultivos de exportación y el procesamiento de alimentos sustraen recursos agrícolas e hídricos de la satisfacción de las necesidades de subsistencia y excluyen a un número cada vez mayor de personas de su derecho a la alimentación (Shiva 1995, 40).

La terapia eco-estructural tiene una buena experiencia trabajando con familias empo-brecidas, sin embargo, es importante definir lo que este enfoque considera como una familia pobre. Aponte explica muy bien este concepto cuando afirma que los pobres no son necesariamente aquellos que tienen poco dinero, porque hay algunas personas que voluntariamente han escogido ser pobres (Aponte 1974, 134). Este es el caso de personas religiosas que deciden realizar su vocación sin importar el salario recibido; también de profesionales que se van de las ciudades a los campos a ejercer su trabajo recibiendo como paga una gallina o una bolsa de plátanos.

La familia pobre a la que los ecoestructuralistas se refieren, podría ser, por ejemplo, aquella que tiene un buen ingreso económico, con un padre bien pagado pero que nunca está en casa, con una madre que frecuentemente está bebiendo en el bar, con un hijo mayor que nunca da razón para dónde va y con los hijos menores que se cuidan a sí mismos en casa. Por lo tanto, según este concepto, no todas las familias con escasos recursos económicos necesitarían terapia familiar y no todas las familias con buenos ingresos se escaparían de ser consideradas como pobres.

> De acuerdo a la perspectiva eco-estructuralista, son pobres aquellos que padecen una pobreza de estructura y organización, en el ámbito personal, familiar comunitario, sin importar si tienen dinero o no.

Aponte está en la misma línea con Oscar Lewis cuando considera como personas empobrecidas a aquellas que viven en «la cultura de la pobreza». Son personas que padecen sentimientos de marginalidad e invalidez y que transmiten estos sentimientos de generación a generación. También, Minuchin (1967) describe las familias empobrecidas como aquellas que comparten «la cultura de los barrios pobres» que implica desorganización, o sea, falta de límites claros, relación aglutinada o desligada y confusión acerca de quién tiene el poder. En este trabajo se tendrán presentes estas definiciones de pobreza.

Quienes trabajan con el enfoque eco-estructural consideran que esa conducta no está arraigada únicamente en la personalidad individual, sino que es resultado de las relaciones entre las personas y entre los grupos. La organización o falta de organización social es un aspecto de la ecología social que se refiere a la red de sistemas sociales interdependientes, donde las personas realizan sus actividades, por ejemplo, la familia, la escuela, el trabajo, barrio, iglesia, amistad y política.

Como consecuencia, cuando se hace terapia en medio de la pobreza con perspectiva ecológica, en la evaluación e intervención se debe tener en cuenta la comunidad, el individuo y la familia. El o la acompañante pastoral debe, en primer lugar, identificar los problemas específicos de la familia, el individuo y la comunidad y cómo todos estos sistemas convergen y contribuyen a que éstos se mantengan. Pero también buscar y descubrir las actividades que ayudan a las personas a sobrevivir, a aliviar las cargas pesadas de la soledad o la indiferencia social.

> **Marcelo Pakman, terapeuta sistémico argentino, relata en una entrevista:**
>
> Me acuerdo de una actividad que sugerí hacer en un hospital de día, que era una actividad de grupo, donde se le preguntaba a los pacientes: Cuéntenos aquellas cosas que ustedes encuentran que les ayuda en su vida cotidiana y que sus terapeutas ni siquiera saben. Y una señora contaba: "Bueno yo hace cuatro años que voy dos veces por semana a un restaurante donde no me pagan pero me dejan doblar las servilletitas y prepararlas." Y eso para ella era como para otra persona, pues, el ir al gimnasio, algo que la energiza, y nadie sabía esto hasta que se propuso esta actividad.

Después de identificar esos sistemas, en segundo lugar, el terapeuta tiene una tarea más grande: decidir a cuáles sistemas clave dentro de la ecología de la familia va a apelar, cuándo y en qué orden, con el propósito de movilizar la configuración o estructura familiar que está perpetuando el problema. En otras palabras, según Aponte, la meta de una terapia eco-estructural es traer orden estructural y ecológico en el desorden de una familia y su contexto social (Aponte 1980, 316).

> En el caso específico de familias empobrecidas, las metas son crear una estructura familiar más funcional, aumentar el nivel de organización, y no necesariamente encontrar soluciones a las relaciones conflictivas.

A estas alturas del trabajo, vale la pena volver a recalcar que *no todas las personas pobres carecen de organización estructural familiar*. La carencia de organización estructural "se refiere a aquellas estructuras que son limitadas tanto en número como en complejidad, que les falta coherencia y continuidad, y, como resultado, son relativamente inflexibles" (Aponte 1976b, 547). De ahí que, en una familia con deficiencias en su organización, un niño, por ejemplo, tendría dificultades serias en desarrollar una estructura de personalidad diferenciada de su familia, falta de claridad en los límites inter-generacionales y confusión con relación al poder. Más aun, como apunta Aponte, "la familia no puede organizarse si la estructura social de su contexto sociopolítico no la apoya en ese proceso" (Aponte 1974, 135).

En este contexto de carencia de organización familiar no debe usarse terapia individual o terapia familiar basada en una visión tradicional (a través de la introspección), donde el objetivo principal sea usar a los miembros de la familia para entender los problemas personales y los familiares. Se recomienda, entonces, usar un punto de vista ecológico.

El *punto de vista ecológico* empieza con un análisis de la estructura familiar y del contexto para identificar los sistemas y subsistemas importantes que toman parte en el proceso de la familia. Ejemplos de sistemas contextuales de cualquier familia podrían ser la escuela, la iglesia, barrio, los parientes, trabajo, o el grupo racial al que pertenece. La interacción de todos estos sistemas debe verse como relacionados en el tiempo. Es decir, *cualquier acción tiene un contexto ecológico* que es tan amplio como la red de acontecimientos históricos que se desarrollan en el medio ambiente (por ejemplo, huelgas, fiesta de Navidad, inundaciones o poca lluvia, atentados terroristas, Carnaval) pero, al mismo tiempo, tan reducido como la reacción a un gesto súbito e inesperado de otra persona (por ejemplo, el ceño fruncido de la esposa o del esposo).

Cualquier acción de la familia es una consecuencia de su contexto ecológico. El límite de este contexto es muy ancho, y quien hace terapia debe tratar de alcanzar todos los sistemas posibles para producir un cambio en la estructura familiar y en su interacción con su ecología. Es imposible y no es necesario alcanzar todos los sistemas que pertenecen a la ecología de la familia, sino aquellos que se relacionan directamente a sus problemas.

La o el acompañante pastoral debe intentar descubrir los hilos que mueven la acción familiar y seguirlos hasta sus orígenes. Lo que está debajo de este pensamiento es la **premisa sistémica** de que existe una continuidad estructural que une el individuo, la familia y la comunidad. Por consiguiente, al intervenir en uno de estos sistemas, hay repercusiones en los otros, lo cual fortalece la unión entre la organización de un sistema con otro (Aponte

1980, 132). Este enfoque se caracteriza por tomar en cuenta la acción social donde la intervención en la comunidad tiene como objetivo llegar a la meta terapéutica de la familia y sus miembros.

Para finalizar, Aponte (1994) anota que mucha gente empobrecida ha perdido mucho de su cultura original y, consecuentemente, el sentido espiritual de significado que eso conlleva. Las personas que acuden en busca de acompañamiento pastoral muchas veces carecen de familia, comunidad y religión, y con frecuencia le piden a los guías religiosos orientación y ejemplo. Le piden valores, propósitos, en fin, sentido. En otras palabras, le piden orientación en la espiritualidad. Desechando la estrecha concepción de la espiritualidad como la enmarcada en una religión formal, Aponte la define como una modalidad de vida proveniente de un sistema de creencias referido a la naturaleza del ser humano, el propósito de su vida y su relación con el mundo. Esta perspectiva más abarcadora toma en cuenta todas las fuentes de los valores: no sólo la religión sino la política, la cultura, la etnicidad, la raza y la filosofía. En el núcleo mismo de todas las psicoterapias hay una base de valores espirituales que confieren a cada escuela su propia perspectiva y determinan el rumbo que tomará en la comprensión del funcionamiento humano, pero la capacitación que reciben hoy los terapeutas no les da suficiente información acerca de las dimensiones espirituales presentes en la vida de sus pacientes. El reto está en ver cómo se vincula lo espiritual con lo psicológico, abriendo la terapia al sentido esencial de la vida. Aponte (1996) propone diversas medidas para la formación de los terapeutas, incluyendo el uso activo de los recursos espirituales de sus pacientes y familias a fin de aclararles sus valores frente a un tema determinado y alentarlos a que busquen fuentes trascendentes de esperanza, fortaleza o consuelo.

2.3 Aplicación en un estudio de caso

Este caso lo acompañé en La Paz, Bolivia, por cerca de cuatro años. Este no es un caso específico de una familia, sino de un grupo de mujeres aymaras pertenecientes a un grupo de iglesias. Dentro de la cultura aymara y en la iglesia, las mujeres no ocupan puestos de liderazgo. Yendo a pequeñas comunidades de fe en El Alto (a 4.000 metros sobre el nivel del mar) frecuentemente se encuentran a 20 ó 25 mujeres y muchos niños y niñas sentados ordenadamente en las bancas, y a dos hombres al frente dirigiendo y enseñando. En las reuniones de mujeres sucedía lo mismo. Era frecuente encontrarlas, otra vez, sentadas y el pastor enseñándoles. Las mujeres aymaras son triplemente discriminadas, por ser aymaras, por ser mujeres y, por ende, por ser empobrecidas. Las "mujeres de pollera", atuendo propio de las mujeres aymaras, son muchas veces vistas como ignorantes y retrasadas. Comúnmente se les niega el acceso a lugares donde se supone que solamente gente que tiene plata puede entrar, como restaurantes y hoteles. En años pasados se hizo un escándalo político cuando una diputada de pollera invitó a varias mujeres a un restaurante y se les prohibió la entrada.

Luego de unos meses de visitar diferentes congregaciones, donde es fácil encontrar mujeres alegres, amables y listas a trabajar, les propuse tener una reunión de mujeres de todos los pequeños grupos. Consideraba importante que se conocieran unas a otras, que se dieran cuenta de la existencia de otras mujeres que compartían realidades similares y que se desarrollara el sentido de pertenencia.

La idea de la reunión tardó un par de meses en madurar y ellas en animarse a hacerlo. Las razones eran variadas: falta de dinero para movilizarse (porque nunca andan solas, sino con cuatro o cinco criaturas), falta de costumbre y recelo a lo que pensarían sus líderes religiosos. En ese orden. Finalmente, se realizó la reunión y entre varias mujeres organizaron la liturgia. Me invitaron a dar la reflexión bíblica, pero para romper el modelo que recibían en sus iglesias, usé la metodología de las comunidades eclesiales de base: leer la Palabra y permitir que las mujeres hablaran sobre lo que las Escrituras les comunicaba. Al principio, nadie habló, aunque la metodología captó la atención. En sus congregaciones fácilmente se las ve agachadas, muchas veces dormidas, con caras de aburridas. Entonces, decidí volver a leer el pasaje lentamente dos veces y pedí a una hermana que lo leyera también dos veces en la Biblia en lengua aymara. El ambiente cambió. Aunque inseguras y con temor tres mujeres hablaron, dos en español y una en aymara. No pedí que me tradujeran lo que decía porque lo más importante en ese momento no era la doctrina, sino darle voz a las sin voz. Eso fue todo y le pedí a otra hermana que agradeciera en oración, en aymara, por lo que habíamos aprendido.

Al final de la reunión algunas expresaron que les gustaría tener una reunión conjunta dentro de dos meses y que yo trajera la reflexión bíblica nuevamente. Acepté y de una vez les indiqué el pasaje que sería estudiado: El Padre Nuestro. Les pedí leerlo y meditarlo en sus reuniones locales. En ese lapso aproveché para convencer a varias mujeres que sería bueno elegir un comité. Reconozco que estaba siendo directiva y por eso preferí trabajar desde bastidores para no repetir el molde que encontraban en sus congregaciones: que alguien estuviera al frente dirigiéndolas. El propósito de la mesa directiva era crear cierta organización donde las mujeres pudieran entrenarse a ejercer el liderazgo, ya que en sus comunidades eran solamente "seguidoras".

En la siguiente reunión, la participación en la reflexión bíblica fue mucho mayor y se eligió una mesa directiva. Querían nombrarme presidente, pero, por supuesto, depuse el nombramiento. Acepté solamente el de asesora. Fue muy instructivo para mí trabajar con ese comité. Lo que esperaban era simplemente hacer lo que se les indicara. ¿Tal vez esperaban una programación ya organizada? Se equivocaron. La presidente era la que dirigiría la reunión ... pero ... cómo hacerlo si nunca había presidido nada. Con instrucciones sencillas y prácticas lo hizo, siempre mirándome para buscar mi aprobación. Esa fue una lucha constante tanto para mí como para ellas. ¿Cómo orientar sin caer en la trampa de tratarlas como si fueran unas niñas? ¿Cómo seguir ciertas convenciones internacionales, tan simples como levantar acta de la reunión respetando sus conceptos y cultura? Por pertenecer a una cultura oral, les parecía innecesario levantar actas. Les comuniqué la importancia de registrar la historia para que fuera testimonio en el futuro. Llegamos al acuerdo de que las actas serían sencillas y en un cuaderno.

En esa primera reunión se avanzó muy poco. Pensaron en lo que podrían hacer para la próxima reunión. El concepto de tiempo que tenían era el inmediato, vivían casi el presente. Así que pretender hacer una programación para todo el año estaba fuera de sus patrones de costumbre. Por lo tanto, los primeros meses solamente se organizaba para la próxima reunión. Algo sencillo, sin muchas pretensiones de trabajo en conjunto, lo que más tarde sucedería.

Las mujeres definieron las funciones de cada una y, sorprendentemente, trabajaron en conjunto muy bien y más rápido de lo esperado. Expusieron que parecía el despertar de un largo sueño. Descubrieron que no es que fueran incapaces, sino que no habían tenido oportunidad de liderar.

Sin embargo, en sus congregaciones continuaban sentadas en las bancas con la cabeza agachada, respetuosas a lo que la cultura les pedía, pero en las reuniones de mujeres, muchas de ellas se transformaban. Era un espacio de desarrollo y aprendizaje.

Luego de más o menos un año y medio ya había un sentido de pertenencia que les permitía compartir sus experiencias, tan similares, entre mujeres de una congregación a otra. "Compartir" es una palabra clave dentro de la cosmovisión aymara. Frecuentemente se hacían reuniones donde cada una llevaba algo para comer.

Se colocaban en el piso, uno tras otro, los aguayos. La comida, amarrada en telas, era puesta sobre los mantos. Las mujeres nos sentábamos en el piso para compartir alrededor de la gran mesa comunitaria. ¡Qué momentos de comunión tan preciosos!

Se estaba haciendo necesario avanzar a otra etapa. Con la orientación y guía de la mesa directiva se realizó un proyecto para solicitar cinco mil dólares a una organización de mujeres estadounidenses. El proyecto consistía en comprar materia prima para que las mujeres de las congregaciones realizaran tejidos y otras manualidades que se colocaran en el mercado con facilidad. El dinero llegó a través de una organización de iglesias. Ahí se presentó otro problema. Los hombres líderes no pretendían entregar el dinero a las mujeres para que ellas lo administraran por sí mismas. Ellos pretendían hacerlo e ir entregándolo en pocas cantidades, de acuerdo a como las mujeres lo fueran justificando. Eso creó un gran malestar dentro de las mujeres. La mesa directiva de las mujeres decidió enfrentar un sistema más grande, la directiva de la organización de iglesias, para solicitar formalmente la entrega del dinero. Luego de presentar las argumentaciones, de antemano preparadas por la directiva de las mujeres, y bajo bastante presión, los hombres entregaron el dinero para que ellas lo administraran. Eso dio bastante libertad de acción y decisión.

La mesa directiva de las mujeres fue cuidadosa en el manejo de los fondos. Tuvieron, también, la experiencia de abrir una cuenta de ahorro y aprendieron a dar informes económicos sencillos. Recuerdo claramente cómo la secretaria fue al correo a colocar la carta de agradecimiento por el dinero recibido. Primera vez que se comunicaba con gente que vivía tan lejos. Fue una gran oportunidad para llevar mapas a las reuniones y mostrar dónde vivían esas otras mujeres y qué tan lejos quedaba su país.

El crecimiento de las mujeres, en forma individual y colectiva, hasta ese momento era muy bueno. El tipo de organización que tenían les servía también de modelo para la administración en sus propios hogares. En esos meses llegó una invitación para que dos mujeres fueran a un congreso en Venezuela. Quien las invitaba era la organización de mujeres de su iglesia a nivel de América Latina. Aquellas ya habían oído del trabajo de las mujeres aymaras. Los mapas volvieron a aparecer para mostrar dónde estarían y cuántas horas en avión necesitaban para llegar allá. Aprendieron sobre las costumbres venezolanas, visitaron el consulado y consiguieron fotos de Caracas. Sacar pasaporte y viajar en avión, haciendo escala en Bogotá, fue una experiencia que considero marcó a esas dos mujeres. Ese fue el primero de otros viajes internacionales. Creo que comenzaron a sentir que pertenecían a sistemas mayores, fuera de Bolivia. Ese sentimiento de pertenencia enriqueció y fortaleció los lazos internos.

Las mujeres, en mi opinión, ya se habían organizado y tenían relaciones funcionales, habían fijado límites claros con el sistema ejecutivo, lo habían desafiado en varias ocasiones y se sentían capaces de tomar aquellas decisiones que competían a su organización y que la jerarquía eclesiástica había tratado de impedirles.

3

ACCIÓN POLÍTICA EN EL ACOMPAÑAMIENTO PASTORAL

Dentro de las perspectivas de acompaña-miento pastoral relacionadas con personas empobrecidas y oprimidas, nos gustaría destacar aquellas con una visión más sistémica o comu-nitaria y que pueden ayudar para la presentación de la propuesta al final de este trabajo. En este capítulo solamente expondremos las ideas principales de diferentes perspectivas: británica, norteamericana y latinoamericana. En el siguiente capítulo, sin embargo, introduciremos una discusión entre los puntos de vista indivi-dualista y comunitario en el acompañamiento pastoral.

3.1 Aportes de fuera de América Latina

Stephen Pattison, británico, fundamenta su trabajo en la tesis que

> ... si [el acompañamiento de pastoral] verdaderamente está para aliviar el pecado y el luto y para fomentar el crecimiento humano, entonces tiene que extender su preocupación y visión más allá del sufrimiento individual. Un acompañamiento pastoral psicológicamente intelectual e individualista ha llegado a ser, sin necesidad, muy estrecho y riguroso con consecuencias que pronostican un desastre (Pattison 1988, 82).

Pattison (1988, 88-95) da seis argumentos para oponerse al acompañamiento pastoral, a veces arbitrariamente individualista, y para apoyar la inclusión de la concientización y la acción sociopolítica:

① *El pensamiento holístico*: Sugiere que las personas no pueden ser separadas de su contexto ni en sus conceptos ni en sus acciones.

② *El inevitable involucramiento en el campo sociopolítico*: Es una falacia cuando una pastora o pastor proclama tener una postura neutra pero afirma no querer involucrarse en asuntos políticos. No obstante, dejando las cosas como están, para mantener el estado actual, ella o él de hecho toma una posición política y se vuelve agente de ajuste social al sistema dominante.

③ *Contexto ético y teológico*: Pattison afirma, junto con Browning (1976), que el acompañamiento pastoral debe ser colocado dentro de los valores que la iglesia busca promover, no excluyendo la justicia y la paz.

④ *Las experiencias vividas*: Cuando un acompañamiento pastoral efectivo es realizado, las personas ganan autorespeto y aprenden a ser responsables por sí mismas, por otras y por su propio mundo. Como consecuencia, sigue un despertar del envolvimiento social y político. Ese tipo de acompañamiento pastoral generalmente es interpretado como subversivo del orden social y político, especialmente en comunidades donde existe opresión y deshumanización.

⑤ *Las enseñanzas de la Biblia*: De acuerdo con Pattison, las Escrituras tienen temas sociopolíticos importantes – en Exodo, Ezequiel, y en el ministerio de Jesús, especialmente en las enseñanzas del Reino de Dios – para las comunidades completas más que para los individuos.

⑥ *La herencia histórica del acompañamiento pastoral*: Después de hacer un estudio histórico del trabajo pastoral de Agustín y Calvino, Pattison concluye que la dimensión social y política del acompañamiento pastoral ha estado presente a través de los tiempos más de lo que se cree. Aunque algunas de las acciones políticas fueron desastrosas, él piensa que "En por lo menos algunas circunstancias, así sugiere la historia, debería dársele más preeminencia a los aspectos sociales y políticos tanto para entenderlos como para pasar a la praxis" (Pattison 1988, 95).

Peter Selby, británico, mantiene que los mundos internos y externos están interconectados pero no de forma simple y directa. Sería demasiado simplista y ofensivo para quien sufre en el mundo si alguien, por ejemplo, explicara que la pobreza y la guerra podrían eliminarse si hubiera más conversiones. También sería simplista y ofensivo sugerir que la madurez personal y el talento son determinados por mejores condiciones de vida. Según Selby (1988, 5), indudablemente existe conexión entre los mundos internos y externos, pero que es más complejo que eso.

No obstante, el acompañamiento pastoral habitualmente da importancia predominante al mundo interno y a la preocupación individual por encima del mundo exterior y de las luchas sociales. Cuando los consejeros y consejeras se confrontan con luchas de orden social y pública, no pueden permanecer neutrales, sino que deben tomar una posición (Selby 1988, 88). En cualquier toma de posición enfrentando el mundo exterior, comúnmente se destacan cuatro actitudes:

① *Evitar los extremos y buscar el centro del espectro político*. Para Selby, los valores del centro político son realmente los valores de la clase media la cual apoya sus propios intereses. Esa actitud ha sido adoptada por algunas personas que dan acompañamiento pastoral.

② Evitar los extremos y apoyar asuntos como la conservación del medio ambiente o el rechazo al uso de la energía nuclear. Las pastoras o pastores que toman este camino muestran una actitud indiferente ante los conflictos políticos más urgentes.

③ Interesarse en asuntos universales evitando así involucrarse en luchas especificas como aumento de salarios, más empleos, mejoría de las escuelas, etc.

Selby considera que todos esos asuntos son importantes para ser tratados y estudiados, pero él muestra una cuarta actitud:

④ Unir la política a las luchas de la gente empobrecida y oprimida en la busca de poder y bienestar económico. Esta actitud es poco practicada en el acompañamiento pastoral porque se enseña a pensar que, tanto la política social como la política personal, son políticas espiritualizadas mientras no se involucren en asuntos de poder y distribución económica (Selby 1988, 92ss).

Asumir la primera postura conlleva estrictamente demandas de solidaridad, discipulado, empatía y apertura espiritual para renovar la faz de la tierra en justicia y paz. Entonces, las personas que toman esta actitud se verán mezcladas en situaciones de conflicto y lucha.

Selby no ofrece una respuesta simple para orientar a quienes pastorean o aconsejan en el dilema de la toma de posición. Él está consciente que el trasfondo de cada persona y sus propios preconceptos la llevan a tomar uno u otro lado. Entonces, llega a la conclusión que nadie puede escapar de tomar partido ante una situación. Toda toma de posición – especialmente para quien considera que el acompañamiento pastoral debe participar con las personas que luchan por justicia – implica asumir riesgos.

Robert Lambourne, británico, afirma que el acompañamiento pastoral se realiza en el reino de la iglesia en el mundo. Este autor acuñó los términos "nosotros-formación» (we-formation) y «nosotros-responsabilidad» (we-responsibility) para referirse a la preocupación pastoral de sustentar y purificar la vida corporativa de la Iglesia (Lambourne 1983, 185). Esos conceptos están relacionados a la idea paulina de la iglesia como cuerpo (1 Corintios 12).

Lambourne afirma enfáticamente que:

> ... el acompañamiento pastoral, del cual la consejería hace parte, permanece separado de su verdadera vida a menos que esté substancialmente preocupado con la continua renovación de la santidad-a-servicio de la Iglesia como *koinonia* en lugar de estar preocupado con la formación del yo, de la identidad, de la rectitud, o la salvación de sus miembros en forma individual (Lambourne 1983, 186).

El esfuerzo de unir el «nosotros-formación" al "nosotros-responsabilidad» intenta superar el dualismo existente entre el ser-individual y el hacer-corporativo. Con esta declaración Lambourne tiene el objetivo de reducir el cisma entre los modelos privados y los modelos políticos usados en el acompañamiento pastoral. Esa es la base para ofrecer un modelo personal-político basado en el compañerismo de la iglesia primitiva con los indivisibles "nosotros-identidad" (we-identity) y "nosotros-responsabilidad" (we-responsibility) (Lambourne 1983, 188s).

Con respecto a Michael Wilson, otro autor británico, tiene algunas críticas al acompañamiento pastoral modelado por el individualismo occidental. Wilson presenta cinco aspectos importantes que describen la dimensión corporativa, como unidad orgánica, del acompañamiento pastoral (Wilson 1985, 14s):

① El acompañamiento pastoral no puede considerar el sufrimiento como un problema privado.

② El acompañamiento pastoral se realiza en una situación específica y su contexto debe ser tomado en cuenta.

③ El acompañamiento pastoral debe fundamentarse en el concepto social de los seres humanos y no puede huir de esa dimensión social.

④ El acompañamiento pastoral no puede surgir de una falsa espiritualidad que solamente se limita al desarrollo narcisista del yo.

⑤ El acompañamiento pastoral tiene que tomar en serio el proceso de desarrollo de una congregación saludable.

Wilson reconoce que las perspectivas personales y políticas en el acompañamiento pastoral se han distanciado y, al igual que Lambourne, intenta disminuir la distancia entre estas dos perspectivas. Para ello Wilson sugiere que ambas podrían unirse si entendieran que ser miembros del Cuerpo de Cristo [1 Cor. 12] es comprometerse a traer el Reino de Dios al mundo. Esta comprensión tiene cuatro elementos (Wilson 1985, 19s):

① *La centralidad de la adoración* en la cual los dos fines, tanto personal como político, están entretejidos. El ministerio de intercesión puede acortar la distancia entre las oraciones y los acontecimientos cotidianos. Eso ayuda a transformar el sufrimiento privado en un asunto público y político.

② *Misión en el mundo*. Para Wilson misión significa todo aspecto del trabajo del Reino en una situación local. Los y las miembros de una congregación podrían entender la misión en términos personales o políticos, o en ambos. Sin embargo, lo importante es que cada persona sepa que su misión y ministerio está en el lugar donde vive.

③ *El Cuerpo*. Este es un concepto clave que incluye individualidad y pertenencia. El término "miembro" también abarca admisión, formación y responsabilidades mutuas.

④ *Los dones del Espíritu Santo.* Aún cuando las y los miembros recibieran dones diferentes (por ejemplo determinación y perspicacia para la confrontación, profecía y política para la denuncia, o empatía y gentileza para el trabajo pastoral), éstos están unidos dentro del Cuerpo. Para Wilson, parece ser esencial fortalecer la doctrina de los dones para unir a ambos, el involucramiento personal y el político.

Estudiando a otro autor británico, Duncan Forrester, él da atención especial a la Teología de la Liberación diciendo que es la escuela de teología política más viva y desafiadora que existe hoy en día (Forrester 1988a, 150). Sin embargo, afirma que, debido a que una teología política debe ser necesariamente contextual, existe una gama de teologías políticas, cada una con su propio énfasis y programa de trabajo. Por eso,

> ... la agenda de la teología política occidental está compuesta de temas nacidos en el Iluminismo y de procesos y fuerzas sociales [modernidad] que se han mostrado particularmente fuertes en las culturas occidentales en el último siglo y medio, mientras que la Teología de la Liberación en América Latina y en otros lugares del Tercer Mundo está preocupada y estimulada por la pobreza, la opresión, la explotación y los conflictos sociales que (...) dominan la situación y claman por atención (Forrester 1988a, 60).

Pero algunas de las teologías políticas occidentales permanecen aparentemente separadas del contexto llegando a volverse ahistóricas. Forrester subraya la diferencia entre la Teología de la Liberación y las teologías políticas occidentales diciendo que la solidaridad de ésta con el pobre implica oposición a las fuerzas socioeconómicas, políticas y culturales de deshumanización y, también, oposición a su legitimación religiosa (Forrester 1988a, 64). En una palabra: compromiso.

Nuevamente, el contexto lleva a un espectro de teologías políticas las cuales deben ser estudiadas a partir de su realidad y no intentar transplantarlas de una para otra.[1]

------

1 Es notable que aunque las teologías políticas sean contextuales, los tres tiempos de la metodología de la teología latinoamericana (ver, juzgar y actuar) pueden ser aplicados en diferentes contextos. Por ejemplo, Forrester (1988b) y un grupo de trabajo usa los mismos tres tiempos en un estudio. La introducción (pp. vii-xi) describe que la primera tarea en esa investigación **es enfrentar los hechos** (ver). El grupo de trabajo concluye entendiendo que la pobreza no es una simple falta de dinero, sino que está relacionada con exclusión del poder, pérdida de auto-respeto, falta de poder de decisión y limitación en la libertad. Luego pasa a la **reflexión y a la interpretación** (juzgar) donde busca en la Biblia y en la tradición cristiana las claves, señales y desafíos al problema. Los hechos provocaron en el equipo una variedad de sentimientos: rabia, miedo y amenaza. Finalmente, pasa a discutir cómo podría **responder** (actuar). El libro propone un compartir en acción en tres frentes simultáneos: estilo de vida personal, la vida de la iglesia y en la política pública.

La acción política en el acompañamiento pastoral será más tarde analizada en este trabajo relacionándola con el acompañamiento pastoral popular surgido en América Latina.

3.2 Aportes desde América Latina

Analizando rápidamente las publicaciones de corte psicopastoral que circulan en nuestro medio, y a las que he tenido acceso, son pocas las que enfatizan la consejería en medio de la pobreza. En su mayoría se preocupan por la consejería con una visión más bien individual. Sin embargo, hay excepciones (Entre otros, c.f Schneider-Harpprecht 1994, 1997, 1998; Hoch 1985, 1989; Streck y otro 1996; módulos de EIRENE).

Julio de Santa Ana (1987, 25) critica el concepto protestante de "pastoral" – por estar interesado principalmente por el individuo, centralizada en el pastor o la pastora, en la oración y en la Palabra de Dios. Afirma que esta es una posición que está paradójicamente contraria a una de las mayores contribuciones de la Reforma: el sacerdocio universal.

Entonces, es posible decir que el acompañamiento pastoral en América Latina siguió el modelo protestante norteamericano con un abordaje individualista, con algunas excepciones contadas.

Hagamos una pausa para reflexionar sobre la vida de un hombre empobrecido (Lewis 1987, 191-194).

> En el lecho salitroso y seco de lo que fuera el antiguo lago de Texcoco, se levantaba la colonia El Dorado en los límites noreste de la ciudad de México, una colonia nueva de cinco años atrás, sin agua, drenaje ni electricidad y la mayor parte de sus casas estaban habitadas por los propietarios, aunque algunas de ellas eran verdaderas chozas. Había un solo camino sin pavimentar, una capilla sin terminar y dos pequeñas tiendas. [...] Una línea de autobuses con viejas unidades desvencijadas comunicaba a la colonia con la cercana Villa de Guadalupe [...]
>
> [Ahí vivía Jesús Sánchez y su familia]
>
> Jesús, era muy trabajador. Le parecía que toda su vida había trabajado, y que nunca había tenido infancia. Recordaba haber sido un niño solitario y triste porque sus hermanos eran mucho más grandes que él y su padre nunca le compró juguetes, ni le permitió tener amigos. Su padre fue un arriero analfabeto que llegó a ser dueño de una gran tienda de comestibles en su pueblo, en Veracruz [México]. Durante la revolución, la tienda fue arrasada y el hijo mayor murió peleando. Otro hijo se mató en un accidente, y el tercero murió asesinado. Cuando Jesús tenía ocho años su padre dejó abandonada a la familia. Entonces, él, su madre y otro hermano se vieron obligados a trabajar como peones en una hacienda.

Años después, murió la madre de Jesús y él regresó con su padre, que había vuelto a establecer su tienda. Allí trabajó hasta que cumplió doce años. El padre era muy exigente y Jesús creció inquieto anhelando liberarse. Abandonó la casa paterna para emplearse como segador de caña durante la zafra, y posteriormente trabajó en los molinos de caña. El trabajo era agotador y apenas ganaba lo indispensable para subsistir. Realmente supo lo que era el hambre, pues trabajaba a veces desde muy temprano en la mañana hasta por la noche, sin comer. El recuerdo de esos días era tan amargo, que al hablar de ello sus ojos se llenaban de lágrimas.

Cuando frisaba en los dieciséis años Jesús se marchó a la ciudad de México con un hombre que le ofreció trabajo. A los pocos días fue despedido sin más explicación. Solo, y sin un centavo, llevando bajo el brazo una pequeña caja con sus pertenencias, caminó por las calles de la ciudad.

"Ai voy yo, pasando hambre de vuelta. No tenía ni un centavo, y como dicen algunas gentes 'donde todo falta Dios asiste'. En ese momento pasó un señor como bajado del cielo y me preguntó si quería trabajar. Me preguntó si yo tenía referencias y dijo: 'No señor, no me conoce nadie aquí'. Yo pidiéndole a Dios que me diera algún trabajo. Necesitaba yo trabajo para comer."

El hombre empleó a Jesús en una tienda.

"Trabajaba de las seis de la mañana a las nueve de la noche, sin descansar. Tomaba el desayuno en la tienda, helado. No tenía tiempo para tomarlo caliente. Iba a dejar pedidos a domicilio. Ai voy con las cajas, ¡apenas podía! Un día el señor Velázquez llevó un muchacho descalzo y me dijo: 'Oye, Jesús, este muchacho se va a quedar en tu lugar y tú vas a buscar trabajo. Mañana mismo te vas de aquí.' Sin más ni más. 'Está bien, señor Velázquez.' No había que decir palabra. No tenía adonde irme. Volvía a quedarme en media calle."

Finalmente, medio muerto de hambre, con su caja bajo el brazo, Jesús encontró trabajo como lavaplatos en el restaurante "La Gloria", donde los otros empleados se burlaron de él y le apodaron "Jesusito". Al principio, trabajó quince horas diarias por ochenta centavos y las comidas, pero más tarde fue ascendido a ayudante de cocina, panadero, nevero, y por último a responsable de las provisiones con cuatro mozos para ayudarle.

Actualmente, treinta años después, recibía el salario mínimo de ocho pesos por las ocho horas de trabajo, aunque también obtenía alguna ganancia en diversas formas. Rara vez faltaba a su trabajo y era considerado muy eficaz y digno de confianza por sus patronos.

Estudiaremos tanto a teólogas y teólogos católicos como protestantes. El movimiento de la teología latinoamericana ha abierto un espacio para hacer reflexión teológica ecuménica, aunque en la práctica pastoral no sea lo mismo.

En contraste con el concepto protestante de acompañamiento pastoral, la denominada Pastoral Popular, que es el abordaje católico basado en la teología latinoamericana, tiene una perspectiva comunitariSa. Este último puede ser definido como acompañamiento para las personas empobrecidas en América Latina que, de hecho, es la mayoría de la población. Por eso es llamado "popular" (Galilea 1989, 12). Consideramos importante explicar que no todos los sectores de la iglesia católica están trabajando con los empobrecidos y un número grande de sacerdotes permanece preso a la perspectiva tradicional de la iglesia. Pero en algunos países, como en Brasil y Nicaragua, hubo desarrollo en el campo de la pastoral popular.

La misma existencia de la pastoral popular es, de hecho, una denuncia de que la iglesia institucionalizada se separó del pueblo y que va en camino divergente (Castillo 1989, 21). Esta forma de trabajo incluye elementos comunes de teología pastoral (eclesiología, cristología, interpretación bíblica, etc.) y un conocimiento profundo de la situación de las personas empobrecidas en el continente latinoamericano.

El 39% de la población latinoamericana y el Caribe es empobrecida y el 17% indigente, lo que equivale a 209 millones de personas.

BID, 1997

Rubem Alves (1977, 133) enfatiza que el acompañamiento pastoral está en un buen grado determinado por el ambiente social, político y económico.

> Si una congregación está localizada en lo alto de la escala social y sus miembros disfrutan de riqueza, prestigio y poder, ésta tenderá a estar comprometida con el orden dominante, y su cuidado pastoral enfrentará todo tipo de presiones para responder a las demandas colocadas por las instituciones del medio que la rodea.

Entonces, en un país lleno de personas empobrecidas, el acompañamiento pastoral no debería responder a las demandas individualistas de personas egoístas. En una situación de pobreza esta pastoral no puede traer consolación, por ejemplo, a una madre o un padre que ven a su hija o hijo morir de hambre.

En la perspectiva de la teología latinoamericana, el sufrimiento no es un problema individual y no puede, ni debe, ser "curado» usando manipulación interpretativa y emocional de la vida interna de la persona que sufre. Hay otro modo. «El dolor y el sufrimiento pueden y deben ser transformados cuando son plantados como semillas de una nueva creación...» (Alves 1977, 134). Eso significa transformar la situación presente de una familia que ve morir de hambre una criatura, no solamente por los propios hijos, sino por pertenecer a una comunidad que debe luchar por una sociedad en la cual esta tragedia ya no le suceda a ningún niño o niña: una creación nueva.

Para tomar la decisión de luchar, los empobrecidos necesitan tener esperanza. Para Sobrino (1985, 161) la inmensidad del escándalo de la pobreza en América Latina es tan grande como la inmensidad de la esperanza que hay. Así, el futuro puede ser creado y construido fundamentado en esperanza, pero también en identidad y solidaridad. La solidaridad los conducirá a actuar como una colectividad para librarse de la opresión y la pobreza (Gutiérrez 1982, 126).

Sin embargo, a veces parece que la pastoral popular se olvida de abrir espacio para la dimensión personal porque tiene visión de comunidad sobre el significado de la vida.

A Ramona Caraballo la regalaron no bien supo caminar. Allá por 1950, siendo una niña todavía, ella estaba esclavita en una casa de Montevideo. Hacía todo a cambio de nada.

Un día llegó la abuela a visitarla. Ramona no la conocía, o no la recordaba. La abuela llegó desde el campo, muy apurada porque tenía que volverse enseguida al pueblo. Entró, pegó tremenda paliza a su nieta y se fue.

Ramona quedó llorando y sangrando. La abuela le había dicho, mientras alzaba el rebenque:

- No te pego por lo que hiciste. Te pego por lo que vas a hacer.

Eduardo Galeano
El libro de los abrazos

Su mensaje central considera que estamos transformando y construyendo un mundo juntas y juntos para el beneficio de todas las personas y no para unas pocas. En vista de eso,

> ... lo que tiene poder curativo no es la teología usada por el pastor como una herramienta ni su educación específica en el campo de psicología pastoral, sino la participación personal en una comunidad que sufre junta y que, por causa de este hecho, está comprometida completamente con la creación de un mundo nuevo (Alves 1977, 136).

La pastoral popular tiene raíces en la teología latinoamericana y sus contribuciones más importantes pueden resumirse así:

▸ Que existe *sólo una historia* en la cual Dios está actuando a través de las personas empobrecidas (Gutiérrez 1977, capítulos 9 y 10). Esto significa que no hay división entre la historia secular (desinteresada en las implicaciones teológicas de los eventos) y la historia sagrada (solamente interesada en las acciones divinas). De ahí, que la vida secular deba ser una con la vida religiosa. Desdichadamente, la visión dualista, dando primacía a la "vida religiosa", ha sido un impedimento para que las personas entiendan su situación opresiva. También ha sido usada por los opresores para procurar una solución individualista de la pobreza.

▸ Que las personas pobres no son objetos pasivos, sino, por lo contrario, sujetos activos que participan en el proceso de la liberación. En vista de eso, acompañamiento pastoral popular tiene que viajar junto con los empobrecidos en la búsqueda de esa liberación (Castillo 1989, 21).

▸ Una cristología que enfatiza ambas, la humanidad de Cristo y su mensaje libertador para los oprimidos (Galilea 1989, 14).

▸ Una interpretación bíblica que muestra que la pobreza, la explotación y la marginalización que existen en una sociedad con conflictos sociales intensos, son un escándalo en la perspectiva del Evangelio (Castillo 1989, 21).

▸ El acompañamiento pastoral popular es fundamentado en el concepto eclesiológico de liberación cuya base es la preferencia de la iglesia por la gente empobrecida (Galilea 1989, 14). La Iglesia Católica jerárquica ha rechazado fuertemente ese concepto de iglesia popular (comunidades eclesiales de base) porque va en contra su identidad histórica (Castillo 1989, 24).

Resumiendo, el acompañamiento pastoral popular se fundamenta principalmente en dos principios:

① El primero es la teología del Reino de Dios. Es decir, la realización plena del Reino en el futuro, pero el cual hoy en día tiene su manifestación en la liberación de los empobrecidos. Ese es un concepto de doble filo. Como fue discutido antes, Bonthius (1969, 23) comparte este concepto cuando considera que la mejor perspectiva teológica de la pobreza es la escatológica (Lc. 1:51s; 6: 20s). El riesgo de esta postura es que fácilmente podría dificultar la urgencia de la manifestación del Reino de Dios: la liberación de los empobrecidos hoy (vea Mt. 6:10, 12:28; Mc. 1:15, 9:1).

② El segundo principio es la participación de la gente empobrecida en la propia liberación. Cualquier acompañamiento pastoral "de afuera de...» o "de arriba para abajo» falla porque la gente rechaza el "asistencialismo".

4

DISCUSIÓN ENTRE LA PERSPECTIVA INDIVIDUALISTA Y LA COMUNITARIA

Después de haber estudiado las diferentes ideas sobre el acompañamiento pastoral fuera y dentro de América Latina, éstas serán analizadas y comparadas confrontando la perspectiva individualista con la comunitaria.

Este tema fue de gran debate en los Estados Unidos a mediados de los años 60 y a principios de los 70, con la iniciación del programa gubernamental bautizado como "Guerra contra la Pobreza" y el apogeo del movimiento de los derechos civiles de los negros liderado por Martin Luther King. Por aquel tiempo aparecieron muchos artículos sobre el acompañamiento pastoral con los empobrecidos, pero, infelizmente, el interés parece haber disminuido y hoy en día solamente aparecen esporádicamente (Cf. Gittings 1966; Bonthius 1969; Harris 1969; Oates 1969; van Ness 1969; Kemp 1972; Watkins 1982; Coene 1983; Gros 1989; Vos 1993).

El abordaje estadounidense del acompañamiento pastoral ha sido criticado, especialmente por autores británicos, por ser básicamente individualista y apoyado sobre el modelo médico. Por ejemplo, Hulme (1969) no toma una posición definida a pesar de pensar que las estructuras deben ser cambiadas "cuando sea posible". Más bien, se inclina a la idea de que las estructuras pueden ser cambiadas a través de los cambios individuales o personales. Nuestra pregunta para él sería, ¿quién decide cuándo es posible el cambio en la estructura social? Nuestra respuesta es: Generalmente las clases dominantes deciden cuándo, cómo, dónde, por qué, para qué, etc.

Clinebell tiene una posición que rompe con el individualismo cuando presenta un modelo holístico en el proceso de cambio de individuos o de familias tomando en cuenta los sistemas sociales (Clinebell 1995, 1996, 1997). El modelo de Clinebell puede ser comparado con el abordaje eco-sistémico de la terapia familiar en el cual el objetivo principal es cambiar la estructura de la familia y la relación con los sistemas sociales que intervienen directamente en el problema (Minuchin 1983).

Para Clinebell, la importancia del crecimiento en relación con las instituciones significativas de la vida, tiene como objetivo el crecimiento de la persona o la familia, no necesariamente el crecimiento de la sociedad como un todo. En contraposición, la pastoral popular procura, principalmente, el cambio de la sociedad corriendo el riesgo de olvidar el dolor individual.

Los autores británicos han mostrado más preocupación en asuntos sociales y políticos que los norteamericanos. Selby es más radical en su pensamiento que otros cuando afirma que la pastora o el pastor tiene que tomar una posición ya que no puede permanecer neutral ante las luchas sociales. Para él, aquellas personas que intentan estar en el centro, de hecho apoyan los intereses de las clases dominantes que, al mismo tiempo, apoyan sus propios intereses. Selby no ofrece una solución simple a este desafío tan complejo, pero afirma enfáticamente que ni pastores o pastoras, ni consejeros o consejeras, pueden huir de los desafíos presentados por la pobreza y la opresión. Aquellos que optan luchar por la justicia corren riesgos. Lambourne y Wilson también están interesados en asuntos sociales pero, en contraste con Selby, ellos se empeñan en cerrar la distancia entre los abordajes individuales y sociales. Lambourne y Wilson no están de acuerdo con aquella premisa de la teología latinoamericana que afirma que quienes buscan satisfacer sus necesidades de forma egoísta (ricos), no pueden ser reconciliados con aquellos que no pueden satisfacerlas (empobrecidos), porque éstos últimos son el producto infraestructural de una sociedad donde los intereses de las masas empobrecidas y de unos pocos ricos son irreconciliables (Boff y Boff 1986).

La premisa anterior conduce al enfrentamiento de dos perspectivas teóricas sobre el empobrecimiento. Por un lado, de acuerdo con Ferge (1986, 12-15) existe la perspectiva antipobreza que considera la pobreza aislada de otros asuntos sociales y estudia cada caso individualmente para dar una solución inmediata a cada persona. Por otro lado, está la perspectiva estructural que considera la pobreza como un componente de la estructura social e intenta implementar medidas estructurales para abolirla, encontrando y erradicando sus causas. Ambos puntos de vista tienen sus aspectos positivos y negativos. La perspectiva antipobreza alivia el sufrimiento humano de inmediato, pero esas personas que son aliviadas también son estigmatizadas y etiquetadas como «pobres». Por consiguiente, la autodefinición como "pobre" tiende a perpetuar la pobreza a pesar del esfuerzo de aliviarla.

Justamente, la perpetuación de la autodefinición como "pobre" en los EE.UU. fue denunciada por Harrington (1962) y estudiada en algunos países latinoamericanos por Lewis (1966, 1977, 1978, 1979, 1987). De acuerdo con este enfoque Lewis cree que la auto-etiquetación como "pobre" parece conducir a la transmisión de generación a generación de ciertos valores que crean lo que él denomina como "cultura de la pobreza" o y Minuchin y otros (1967) llaman "cultura de los barrios pobres".

Una visión estructural a la pobreza busca cambios masivos, pero con el peligro de olvidar los sufrimientos personales y a veces parece casi imposible reconciliar ambas perspectivas. Ese problema fue notado en Nicaragua después la revolución sandinista. El nuevo gobierno estaba muy ocupado en los cambios estructurales del país que no prestó atención al sufrimiento del pueblo debido a la pérdida constante de familiares en la revolución. Un equipo mexicano de profesionales de la psicología y la psiquiatría, bajo el liderazgo de Ignacio Maldonado (1989), llegó para trabajar unas semanas en Nicaragua, donde descubrieron lo que llamaron "luto congelado". Se debía a que durante la guerra, el pueblo no tuvo tiempo de completar los procesos del duelo, o no quería hablar sobre la muerte porque era una realidad cotidiana cruel. El gobierno nicaragüense contrató ese mismo equipo para iniciar un programa en esa área.

Ante la tensión entre las prioridades por la acción local, "reformas" que benefician a unas pocas personas en forma inmediata, y las que podríamos llamar de transformaciones sociales o "revoluciones", Pattison (1994, 229s) propone usar el modelo "no-terminado" de acción política y social. Esta propuesta se basa en el teórico social Stanley Cohen que sugiere que es necesario obtener tanto reformas a corto plazo dentro de los parámetros del orden social como reformas a largo plazo que modifiquen el orden total. De esta forma, no hay posibilidad de optar solamente por un tipo de reforma. Quienes escogen mirar al futuro por las reformas totales, descuidan las necesidades inmediatas de quienes están oprimidos, mientras que quienes toman el otro lado, corren el peligro de co-optar por el *status quo* y la pérdida de oportunidad de conseguir cambios fundamentales a largo plazo.

Kemp (1972) nos muestra los resultados de una experiencia concreta de acompañamiento pastoral con personas empobrecidas. Él dice que quien vive y trabaja con la gente empobrecida tiene una gran ventaja sobre quien no lo hace, además de que puede llegar a conclusiones más asertivas. Kemp da una serie de premisas muy útiles sobre el acompañamiento pastoral en medio de la pobreza, pero el interés, nuevamente, parece estar enfocado en la persona o en un pequeño grupo. Él presenta algunos principios sobre acompañamiento individual y acción social con una perspectiva "antipobreza". Dos ejemplos que Kemp usa pueden aclarar su posición.

> Un pastor estaba auxiliando a una señora de más o menos 60 años. Ella tenía dos meses de atraso en el alquiler y la compañía encargada de la hipoteca estaba amenazando con desalojarla. Ella estaba muy asustada. El pastor, además de darle consuelo y seguridad, buscó otra ayuda y entró en acción. No estaba seguro de los derechos legales de la señora, así que buscó orientación legal. Además, se presentó ante la compañía hipotecaria para interceder por la señora.

Un pastor intervino en favor de un muchacho que estaba siendo arrestado, porque consideró que la juventud del barrio estaba siendo maltratada por la policía. Debido a eso, él mismo se vio amenazado de prisión. El pastor dijo que por vez primera sintió miedo y rabia de la policía. También, la amenaza de ser encarcelado dejó en él la sensación de que había sido tratado injustamente. Esta, y otras experiencias, lo condujeron a conversar con el juez juvenil, con autoridades policiales y a realizar reuniones con representantes de la fuerza policial, con la esperanza de encontrar un poco de comprensión y cooperación.

En el segundo ejemplo en especial, encontramos la acción social en la cual se recurrió a la policía en nombre de la juventud de esta comunidad.

El acompañamiento pastoral popular, al contrario de la perspectiva individualista o personal, parece tener una visión estructural. Esta considera que las personas empobrecidas son los agentes de su propia liberación la cual no realiza desde afuera sino desde adentro. Cuando los empobrecidos, como cuerpo colectivo, luchan por su propia liberación no hay duda que habrá conflicto y cambio estructural. Floristán (1984,73) la llama "pastoral crítico-profética". Esta perspectiva considera el acompañamiento pastoral como praxis pública que transforma la sociedad injusta actual, en lucha no violenta, desmantelando la clase dominante y su *modus operandi* y está basada en la recuperación bíblica de la historia de la salvación donde Dios liberta a las personas oprimidas. Es más, Floristán (1993, 143) indica que se está reevaluando el adjetivo "pastoral" para cambiarlo por "eclesial." La expresión pastoral (clérigo) parece apuntar hacia una praxis personal, realizada por un individuo o un grupo privilegiado. Por el contrario, la expresión eclesial apunta hacia una praxis de toda la comunidad, dentro de una eclesiología integral de la comunión.

Fundamentado en las ideas pastorales de Floristán, Kinast (1980) afirma que lo que hace que el acompañamiento pastoral sea pertinente es que tenga una visión que sea suficientemente pastoral, suficientemente teológica y suficientemente social como para sembrar el cuidado pastoral de la sociedad. Él dice que el enfoque más prometedor hasta ahora en ese aspecto viene de la teología latinoamericana.

La pastoral popular puede correr el riesgo de no acompañar el sufrimiento personal inmediato del afligido. Sin embargo, las comunidades eclesiales de base intentan cumplir ambos aspectos, o sea, tienen una función doble: Implementar el acompañamiento de los individuos, familias y comunidades pequeñas, y servir como agentes de cambio social de la comunidad. A pesar de todo, no se pretende que el cambio sea ejecutado por las o los agentes pastorales, sino por el pueblo mismo. De esta manera las personas empobrecidas estarán tomando su lugar en la historia de América

Latina y buscando la propia liberación. Pensamos que en esto consiste la solidez y fortaleza del acompañamiento pastoral popular. Como resultado de lo dicho anteriormente, la pastoral popular tiene dos metas: (a) el acompañamiento personal a través del trabajo de las comunidades de base y (b) el acompañamiento de sociedades.

Para Segundo (1972), la tarea primaria de cualquier acción pastoral en América Latina es la evangelización a los niveles personal y social. De acuerdo con él, la evangelización auténtica consiste en comunicar solamente la esencia misma del mensaje cristiano (las buenas nuevas) la cual es definida por la comunidad. Hay poco tiempo para dar las buenas nuevas en un continente variable como América Latina y en el cual el acompañamiento pastoral popular tiene que mantener el paso a la par de los terribles cambios sociales. El acompañamiento pastoral popular no ha cumplido adecuadamente su tarea de evangelización debido a la existencia de la falsa idea de que América Latina ya es un continente evangelizado. En realidad, los valores cristianos no siempre son considerados y hay muchas personas que realmente no conocen el mensaje de las buenas nuevas del evangelio. Por eso, se necesita de una nueva perspectiva para la acción pastoral.

La pastoral popular destruyó el concepto tradicional de pastoral hace más de treinta años, dando paso a nuevas alternativas pastorales (Galilea 1989, 125ss). Galilea considera que la pastoral popular había nacido por lo menos 20 años antes que recibiera el reconocimiento por el CELAM en 1968. Antes de ese tiempo, la pastoral latinoamericana podía ser colocada dentro de una nueva tendencia de la cristiandad, una de las cuatro tendencias en el ministerio pastoral presentadas por Floristán: (a) Antigua cristiandad donde hay una unión estrecha entre iglesia y estado, teniendo como resultado una perspectiva pastoral opresiva que contribuyó a la marginación de los empobrecidos; (b) Nueva cristiandad, similar a la primera pero en la cual la educación es adicionada y existen ciertos trabajos básicos en la iglesia. La opresión es reconocida y defendida, pero no hasta tomar el riesgo de alienar los poderes establecidos, debido a la identificación de la iglesia con las clases dominantes; (c) la tendencia de testimonio misionero con una filosofía existencial, humanista y personalista, sin un adecuado análisis teológico de la situación humana. Estos tres componen el concepto tradicional del acompañamiento pastoral. Y (d) tendencia crítico-profética discutida anteriormente. Estas tendencias fueron analizadas por Kienast (1980) fundamentado en el trabajo de Floristán (1975).

De acuerdo con Galilea, después de Puebla (1979, 15), donde la pastoral popular fue evaluada y algunas de sus ambigüedades fueron discutidas, se comenzó a disminuir el énfasis social y a aumentar la espiritualidad.

Además de eso, en los años 80, algunas dictaduras fueron depuestas por revoluciones o por golpe de estado: Nicaragua, Paraguay y Argentina. Así, el proceso de democratización afectó a las comunidades de base en esos países. Por ejemplo, el número de miembros disminuyó, especialmente en aquellos lugares donde las comunidades eclesiales de base (CEBs) hasta ese entonces eran el único lugar de encuentro para expresar libertad y la sociedad estaba abriendo otros espacios de protesta. La disminución en la participación no es un hecho sorprendente. En opinión de Clodovis Boff (1981, 56), las CEBs pueden compensar la falta de movimientos populares, pero donde hay suficientes organizaciones seculares en existencia, las comunidades cristianas deben ser particularmente cuidadosas en mantener su identidad separada de los movimientos populares.

De este modo, las CEBs se han modificado y hay menos personas que intentan manipular los grupos conforme a sus ideologías. Estos eventos maduraron algunos grupos y, sin la pérdida de la perspectiva social, pusieron énfasis en la importancia de la fe y de la evangelización. A pesar de ello, Galilea (1979, 16) advierte que las CEBs podrían correr el peligro de pensar solamente en lo espiritual olvidando el aspecto sociopolítico que es su distintivo. Consecuentemente, él recomienda un balance que debe estar íntimamente unido tanto a los lineamientos de Medellín (con énfasis más sociopolítico) como a los de Puebla (con énfasis más espiritual).

Los cambios producidos en las CEBs, como consecuencia de los cambios políticas en los diferentes países, nos conducen al concepto de "acompañamiento pastoral contextual". Al respecto de eso, Thayer (1985, 15) afirma que éste "no se hace en el vacío, sino dentro de una matriz de procesos sociales". Al respecto, Kleinman (1988, 232) nos invita a ser "mini-etnógrafos/as" cuya tarea principal es descubrir la historia particular de cada grupo, sus mitos, rituales, actividades cotidianas, etc. La observación de la realidad y la interpretación de la misma, nos coloca en contexto. Debido a que el Reino Unido, Estados Unidos y América Latina tienen contextos diferentes, les ha llevado a perspectivas diferentes en relación con el asesoramiento pastoral, aunque tuvieran intereses similares en asuntos políticos.

En un artículo sobre estructura ética para el acompañamiento pastoral, Poling (1988) considera que la teología latinoamericana critica la ética tradicional por no darle suficiente atención a la opresión en las relaciones humanas. En contraste, la teología latinoamericana reinterpreta la ética en cuanto a la crítica social, vista desde las comunidades oprimidas. Indudablemente, los principios éticos para el acompañamiento pastoral vistos desde la ideología de la cultura dominante, son diferentes. Según Poling existe una "moral de liberación" que destaca que la injusticia y la opresión son importantes para la ética. Hay decisiones que se toman basadas en la falta de poder social y así la ética es tremendamente diferente de aquella hecha por quienes gozan de privilegios.

En palabras de Dussel (1978, 38s), la ética cristiana de liberación es esta: Hacer algo por el otro o la otra sin otro interés que servirle. Esa es la "praxis de gratitud" o la "praxis de liberación". Existen otras dos praxis que son o indiferentes o malignas. La maligna es la "praxis del dominio" en la cual la persona en forma egoísta busca su propio beneficio oprimiendo a otras. La otra praxis, la indiferente, es la "praxis de la necesidad" en la cual la persona hace algo porque necesita hacerlo.

Pensamos que el acompañamiento pastoral popular, por darle énfasis a la dimensión social sin olvidar la personal, bien podría ser una forma adecuada de acompañar a las personas empobrecidas en latinoamericano. En los países del norte, es considerado como trabajo pastoral para un grupo minoritario, pero no así en América Latina donde la gran mayoría de las personas son pobres.

5

ACOMPAÑAMIENTO PASTORAL EN MEDIO DE LA POBREZA

En este capítulo presentamos una propuesta de trabajo en tres partes: (1) Los elementos que creemos deberían tenerse en cuenta en la pastoral con empobrecidos, (2) algunas experiencias de trabajo de las cuales se pueden extraer técnicas prácticas y (3) un programa de formación en tres fases, basado en los principios que ya fueron estudiados y analizados anteriormente.

Antes de todo, es pertinente aclarar que esta propuesta tiene como base bíblica que la opresión, explotación, marginalización y discriminación son consideradas escandalosas en la perspectiva del Evangelio y que Jesús vino a predicar las buenas nuevas de liberación para los empobrecidos y pecadores. Realmente, la acción pastoral, además de estar comprometida con las personas, tiene que permanecer fundamentada en el mensaje bíblico de liberación. Como Gustavo Gutiérrez (1981, 115)) sugiere, "contemplar en acción".

5.1 Elementos de la propuesta de cuidado

Destacaremos los elementos principales del cuidado pastoral en medio de la pobreza que deben ser considerados todos juntos para poder moldear una perspectiva de trabajo.

▸ **Perspectiva contextual:** Se recomienda tomar en cuenta que la ecología de las personas empobrecidas se refiere a la dinámica de las relaciones en su ambiente y la relación estructural con la pobreza y sus problemas consecuentes. Las personas empobrecidas son parte de una sociedad que tiene sistemas mutuamente dependientes (escuela, iglesia, lugar de trabajo, vecindario, situación socioeconómica y política, etc.) No hay duda que la pobreza, de una manera u otra, es producto de procesos sociales.

▸ **Relación respetuosa:** Debe tratarse a las personas como sujetos y no como objetos. Esto tiene como objetivo que la gente sea agente activo para cambiar su propia situación. Las personas empobrecidas que son conscientes de los factores que condicionan su pobreza, están listas para luchar y revertir la situación. Nunca les consideremos como gente infantil, inválida, desamparada o impotente.

▸ **Toma de posición:** Es imposible ser indiferente al sufrimiento de las personas pobres. Por lo tanto, quien se compromete opta por trabajar, junto a ellos y ellas en la lucha por la transformación del orden social opresivo y deshumanizado. De este modo, no se puede aceptar la neutralidad, porque pretender ser neutral de hecho es colocarse al lado de quien oprime.

▸ **Visión de la sociedad completa:** Las personas deben ser atendidas pastoralmente desde una perspectiva comunitaria e integral, pero sin descuidar las necesidades individuales

▸ **Rechazar el dualismo entre el reino espiritual y el secular:** La unidad de estos reinos es un principio judío que está de acuerdo con la perspectiva eco-sistémica que afirma que todos los sistemas son importantes en el análisis de un problema. Existe solamente una historia en la cual el mundo secular y el mundo espiritual son igualmente importantes. Así que, debido a que las personas empobrecidas son importantes para Dios y para la iglesia, ya no serán desapropiados de su lugar como agentes activos en la historia.

▸ **Espera contra esperanza:** La lucha para cambiar la situación que mantiene la gente dentro de la trampa de la pobreza es una lucha en esperanza activa, no solamente una expectativa pasiva. En ciertos lugares y situaciones es necesario esperar contra esperanza (Rm. 4:18).

▸ **Interdisciplinariedad:** Una perspectiva sistémica y no dualista, trabaja con otras disciplinas como, por ejemplo, economía, sociología, política, psicología, teología, antropología, y otras relacionadas. Las personas empobrecidas tienen problemas complejos y, por lo tanto, necesitan de un análisis complejo para proponer posibles salidas prácticas. Trabajar en equipo es el modo ideal, pero no siempre es posible hacerlo debido a su alto costo. El único modo es a través del trabajo voluntario de profesionales que donen sus servicios. Cuando sea difícil, o imposible, organizar un equipo, el proceso de acompañamiento pastoral no debe detenerse. Sin pretender ser "sabelotodo", los agentes pastorales pueden informarse sobre aspectos importantes para llevar a cabo el acompañamiento, haciendo las adaptaciones necesarias y creando formas alternativas.

▸ **Adaptación de técnicas:** Hay que encontrar técnicas de trabajo alternativas para cooperar con la gente empobrecida en su crecimiento integral. Estas técnicas se adaptan a las situaciones históricas específicas y particulares de cada lugar. Por ejemplo, donde la educación sea necesaria, los modelos educativos de Paulo Freire o de ALFALIT podrían ser usados; donde sea necesario un estudio bíblico, la metodología de las comunidades eclesiales de base podría ser usada; donde un estudio de lucha de clase es necesario, un análisis crítico sobre el socialismo podría ayudar; si un análisis económico es requerido, la teoría de dependencia puede ser usada; y así sucesivamente.

▸ **Trabajo de base:** El flujo de ideas y cambios tiene que venir de las bases, para así mantener contacto con la realidad. Hay mucho fracaso y rechazo a algunos abordajes que pretenden imponerse desde "afuera" de la comunidad.

▸ **Constantemente actualización:** Ninguna perspectiva es finalizada. En otras palabras, debe estar en constante relación con el contexto social e histórico en el cual se desarrollan sus metas principales, pudiendo las mismas variar de una época a otra.

▸ **Fundamentar su metodología y práctica de la teología latinoamericana:** Esta metodología, con las debidas adaptaciones a cada situación, será aplicada en el programa de entrenamiento.

▸ **Menos soluciones y más sospechas:** Algunas prácticas pastorales son tan directivas que todo lo explican y no abren espacios para la sospecha. Es importante mantener una actitud cuestionadora, que replantee teorías, pedagogías y prácticas concretas (Sánchez, 1998). Destacamos la importancia de que se asuma una actitud interrogativa. Si se usa la sospecha metodológica y las preguntas, pronunciando una pregunta después de otra, las personas pueden llegar a conclusiones que ni sospechaban.

▸ **Trabajar con lo que se tiene y no con lo que debería tenerse.** Existen prácticas pastorales que constantemente resaltan lo que falta y no lo que hay. Es decir, trabajan buscando los faltantes y no potencian las fortalezas con que cuentan las personas.

5.2 Técnicas de acompañamiento con pobres

Considero que es un riesgo proponer técnicas específicas de acompañamiento pastoral porque a veces éstas se practican como las maneras únicas de intervención. Por eso, tienden a volverse "camisas de fuerza" que restringen el crecimiento, desarrollo y creatividad de formas alternativas de trabajo. Sin embargo, creatividad no significa "improvisación", sino flexibilidad para ubicar el cuidado pastoral en contexto. Las circunstancias históricas y las situaciones específicas guían la praxis. Consecuentemente, las técnicas deben ser decididas por aquellas personas que viven y trabajan en la situación real.

A continuación examinemos algunas experiencias publicadas y prácticas que se podrían considerar como técnicas de intervención en medio de la pobreza.

▸ Quien trabaja en la cultura de la pobreza debería esperar una gran variedad de creencias y expresiones religiosas, como, por ejemplo, ideas liberales y conservadoras combinadas con elementos de magia y superstición. Algunas de las personas, no obstante, tienen profundas expresiones personales de fe (Kemp 1972). Kemp realizó una investigación de tres años con un equipo interdisciplinario de pastores, estudiantes avanzados de teología, especialistas en trabajo con gente de la calle o en ministerio nocturno, además de un grupo de consultores en ley urbana, psiquiatría, trabajo social y en diversas disciplinas teológicas. Los propósitos del estudio fueron "enunciar algunos principios básicos que deberían guiar el cuidado pastoral con los empobrecidos" y "entender lo que realmente sucede en el ministerio con personas necesitadas – sean estas necesidades personales, legales, físicas, emocionales o espirituales." Reconocemos que esta investigación importante fue hecha en Estados Unidos, donde la pobreza es diferente.

▸ Las personas que viven en la pobreza raramente han experimentado un ministerio consistente y duradero. Por lo tanto, es importante tener un compromiso a largo plazo para establecer relaciones de confianza.

▸ Es importante estar entre los empobrecidos, en otras palabras, vivir entre ellos. También, se debe esperar diferentes reacciones ante el acompañamiento. Por un lado, la gente pobre ve a la consejera o consejero con sospecha y desconfianza y, por otro, tiene muchas dudas de que se pueda cambiar su situación miserable. La conjunción de estas dos actitudes no siempre es obvia o visible.

▸ Se necesita bastante flexibilidad con los programas. Flexibilidad en tiempo, en actividades, y en organización en general, yendo al ritmo del crecimiento de las personas. El concepto del tiempo es diferente, se vive en la inmediatez, en el hoy, en la urgencia. Así que si no se atiende a una persona cuando lo solicita – tal vez pidiéndole que venga dentro de tres días que hay tiempo libre en la agenda - es probable que no regrese porque aparecerán otras problemáticas y las antiguas se reacomodarán dentro de su desorganización social existente. De esta forma el problema que le urgía ventilar se posterga hasta que de nuevo emerja con urgencia.

▸ Quien trabaja con personas no privilegiadas debe reconocer la importancia de la actitud de "estar al lado de...". Toda persona, pero especialmente la empobrecida, necesita de alguien que esté a su lado en situaciones de complejos e inseguridad. Por ejemplo, las pastoras o los pastores pueden estar ahí cuando buscan ayuda legal, o en el hospital o visitándole en prisión, llegando a conocer mejor la dinámica psicosocial de los empobrecidos. Jamás se debe minimizar la experiencia espiritual y terapéutica de tener a alguien al lado dando apoyo.

▶ La gente pobre pertenece a la "cultura del silencio", ya que tiene grandes dificultades para expresar sus sentimientos. Entonces, se recomienda abstenerse de hacer análisis, interpretación o juicio cuando las personas hablan. Al contrario, hay que escuchar más. Las personas generalmente experimentan sentimiento de auto-desprecio, creyendo que no tienen nada importante que compartir. Por eso es importante motivarlos a hablar y a escuchar. Por ejemplo, se les puede pedir que cuenten qué hicieron durante el día; o presentar y hablar un poco sobre sus amigos y familiares, aquellos que no están presentes, o contar algo sobre su pasado. Este proceso toma tiempo, pero fortalece la capacidad de escuchar y hablar.

> Una mujer al principio, cuando se le preguntaba qué había hecho durante el día, respondía,
>
> - "¿Quién, yo? Nada interesante. Lo mismo de siempre, lavar la ropa, cocinar...".
>
> Se le motivó a que diera más detalles, como a qué hora se despertaba, cuántas veces se levantaba a amamantar al bebé por la noche, cuánto tiempo gastaba haciendo una u otra cosa. Esta era una forma de dar importancia y relevancia a lo que la mujer hacía en casa y

trabajar sobre la sensación de "no hago nada interesante como para compartirlo". Con el tiempo, es posible oír a una mujer contar que fue colocada como sirvienta cuando tenía 13 años, que el patrón abusó sexualmente de ella y que nunca le dijo nada a la mamá porque su pequeño salario era muy importante para mantener su familia. O escuchar a un joven compartir sobre el hambre que tuvo cuando viajaban hacia la gran ciudad buscando una vida mejor, y cómo su padre y él ni se miraban el uno al otro porque su padre sabía que él tenía hambre y él sabía que su padre no tenía ni un peso para alimentarlo. (Barbé 1987, 98)

▸ En el trabajo con personas empobrecidas se usan métodos diferentes a los utilizados con grupos económicamente más privilegiados. Los procedimientos son más directos, más específicos, más orientados a la acción, de uso inmediato, que animen. En resumen, más prácticos. Por ejemplo, ayudar a arreglar la gotera del techo o servir como fiador o fiadora, normalmente precede a cualquier ministerio pastoral *per se*.

En el Salvador, una comunidad pudo iniciar una cooperativa, con grandes dificultades, con el objetivo de hacer pequeños préstamos a sus miembros y así librarlos del abuso de la usura. Una de las beneficiadas fue Cristina quien, abandonada por su esposo, no sabía qué hacer para sobrevivir con sus tres hijos. Con un préstamo de la cooperativa ella pudo comprar una pequeña mesa, un balde, un fogón de kerosene, un pequeño comal. Con esto comenzó a vender pupusas (masa de maíz rellena con frijoles o queso) en un buen lugar cerca de una parada de buses. Alguien tuvo que enseñarle a dar el cambio porque ella no sabía nada de aritmética. (Galdamez 1986, 24s)

▸ Los métodos tradicionales de acompañamiento pastoral tienen poca eficacia con los empobrecidos. Por ejemplo, los métodos introspectivos (*insight*), que tradicionalmente son usados en la consejería, parecen ser una pérdida de tiempo con personas cuya cultura no les ha enseñado a buscar dentro de sí mismas para encontrar ayuda (Clinebell 1995, 104). Eso sucede principalmente cuando los problemas son de orden práctico y urgente. Así que los métodos en las crisis concretas deben incluir modos prácticos y efectivos de resolverlos – como dónde encontrar empleo.

Pedro estaba sin trabajo y era un buen carpintero. La comunidad finalmente le consiguió un trabajo en otra ciudad, por lo tanto, tenía que buscar alojamiento. La noche antes del viaje fui a visitarlo.

- "¿Sabe que...", comenzó, "no voy a poder aceptar ese nuevo trabajo. Estoy haciendo un mueblecito para un amigo mío y tengo que terminarlo como se lo prometí."

Me puse a argumentar con él. Le dije que viera que tenía una buena oportunidad de tener un trabajo estable y seguro. Le dije que debía pensar en su esposa e hijos.

- "Exacto, padre, yo estoy muy agradecido con la comunidad. Pero un amigo es un amigo. Como usted puede ver..."

No tenía nada que responderle. No podía entender su razonamiento. Comencé a pensar que Pedro era un cobarde y que prefería rondar por aquí sin hacer nada. Lo estaba juzgando rápidamente. Y cuando lo miré a los ojos, pude ver que había otra razón. Y la razón era esta. Pedro era un trabajador independiente. Cada dos o tres días él terminaba un trabajito y podía comprar algo de comida. Así hacía la vida llevadera. Nadie pasaba hambre. Pero, ¿qué pasaría si se iba al nuevo empleo lejos de casa? Tenía que trabajar un mes antes de recibir el primer salario. ¿Qué haría su familia mientras tanto? Él estaría allá, lejos, sin conocer a nadie y donde nadie le daría crédito. ¿Dónde dormiría? Ni siquiera tenía una hamaca para llevar consigo. Pero, lo peor era que su familia solamente tenía comida en la alacena para tres días. Así y todo, él prefería buscar trabajitos y tratar de hacerlos en un día.

Cuando Pedro terminó, me sentí tan culpable de haber pensado mal de él. ¡No me había dado cuenta que para los pobres es difícil aún conseguir un mejor trabajo! (Galdamez 1986, 24s)

▸ Siguiendo la línea de pensamiento del punto anterior, que los métodos tradicionales no siempre tienen los resultados esperados en las poblaciones empobrecidas, Moffatt (1988) considera que las técnicas dramáticas y gestálticas pueden ser de mucha utilidad en la terapia de clases populares. El desarrolla un extenso análisis sobre el "folclor psicoterapéutico popular": el curanderismo, las fraternidades espirituales y la magia popular, ya que esas son, de hecho, las modalidades psicoterapéuticas a las que acude la gran mayoría de la población. El uso de estas técnicas tendrá buenos resultados si logran empalmar con los modelos de la cultura y el folclore popular.

> En principio, el compromiso corporal y el lenguaje de la acción que implica el psicodrama se adapta mejor que las técnicas basadas en un alto nivel de conceptualización como el psicoanálisis (con el cuerpo negado, "como muerto" sobre el diván) que corresponde y se adapta mejor a la clase media (en general al grupo intelectual) que tampoco hace uso de su cuerpo, salvo para calentar sillas y cubrir con el traje rigidizador del esquema corporal. (Moffat 1988, 164)

El autor continúa afirmando que, de hecho, el pueblo ha utilizado las técnicas psicodramáticas desde siempre. Por ejemplo, muchas peleas se evitan en forma real porque se las dramatiza con gritos, acercamientos y alejamientos, gestos, etc. Además, la población tiene experiencias catárticas colectivas, de agresión y alegría (en los partidos de fútbol) y de problemas de identidad (los carnavales). En los circos y en los teatros populares, sin embargo, es donde el público tiene una gran participación dramática.

▸ Es importante cerrar el abismo entre la historia personal, la historia secular y la historia religiosa.

Divida una hoja en dos columnas. En una se escribe (o se dice, si la persona no sabe escribir) acontecimientos significativos en la historia personal, y en la columna paralela se anotan algunos acontecimientos nacionales de destaque que se hayan presentado al mismo tiempo (elecciones de tal o cual presidente, algún accidente aéreo, la firma de algún tratado de paz, inundaciones, terremotos). De esa forma, la gente encuentra e identifica su lugar en la historia general del país.

En otra hoja con tres columnas también pueden evocar el futuro. Se pide escribir (o decir) en la primera columna qué les gustaría alcanzar antes que todo, tanto para sí mismos como para sus familias. En la segunda columna se escriben los obstáculos para su "sueño" y en la tercera las posibles soluciones para vencer los obstáculos. Aún más, en una cuarta columna podrían anotar algunos versículos, palabras de Jesús o de los profetas, o parábolas que clarifiquen cómo el Reino se va a realizar. Al final, pueden compartir sus expectativas con la comunidad. (Barbé 1987, 98)

▸ Quien acompaña en medio de la pobreza tiene que adaptarse a todo tipo de condiciones. Ya no vale "hacer una consulta para tal o cual hora en la oficina pastoral" porque ese es un concepto de clase media. Las personas empobrecidas podrían identificar la oficina pastoral con otras oficinas desagradables como una comisaría de policía, o un centro de beneficencia. Por lo tanto, la consejería en áreas pobres se realiza en cualquier lugar, en la casa, la esquina de la calle, hospital, celda, mercado, parque, escuela, etc.

▸ Hay que evitar usar el ministerio pastoral como escapismo. Algunas personas buscan refugio en el cuidado individual para no tener que enfrentar la severidad del mal en la sociedad porque no están preparadas para aceptar crítica, controversia y oposición. Por otro lado, los profetas y profetisas, huyen de la muy difícil, y a veces frustrante, tarea de ayudar a los individuos, o abogan por causas sociales como medio de aliviar la hostilidad, el sentimiento de culpa y la impotencia.

▸ Cualquier persona que toma en serio la opción por los pobres, tiene que mejorar sus habilidades como agente de cambio social. Al contrario de la idea popular, acción social y cambio individual no entran en conflicto. De hecho, trabajar con personas empobrecidas es la motivación primaria para el cambio de los sistemas. Hay dos papeles que cumplir y que han sido parte de la historia del ministerio: el pastoral – trabajar para producir cambio individual – y el profético –

procurar los cambios sociales. Ambos papeles deberían ir juntos para ser eficaces (Kemp 1972, 85).

▶ Clinebell (1995) advierte que la tentación más fuerte con la que se enfrentan las personas que acompañan a personas empobrecidas, es ser paternalista o directivo, abusando de la autoridad. Él da las siguientes recomendaciones:

> Los usos de la autoridad del asesor que apuntan al crecimiento tienen como objetivo disminuir gradualmente la dependencia de su autoridad que tienen los asesorados. Esta autoridad busca ayudar a los asesorados a que movilicen su propio poder (a través del ejercicio de sus capacidades latentes para encarar problemas), lo que les permitirá manejar sus problemas de manera más constructiva, mejorar su situación de vida, y hacer todo lo que sea posible para superar la discriminación económica y étnica, donde se arraigan sus problemas (p.105).

▶ Se recomienda que mucha de la enseñanza se realice en forma oral y usando símbolos para facilitar la comunicación.

> Durante una estudio sobre Apocalipsis, un grupo guió la meditación dibujando sobre el cemento una bestia con siete cabezas enfrentándose al Cordero. El director le pidió al grupo que colocaran nombres sobre las

siete cabezas. Los miembros escogieron "multinacionales", "deuda externa", "dictadura militar", "ley de seguridad nacional" y nombres de políticos poco populares. Alguien escribió debajo del Cordero "Jesús el liberador, el más pobre entre los pobres". (Boff y Boff 1986, 27)

▸ Es bueno preocuparse tanto por las condiciones en la comunidad y de la acción social como por los asuntos individuales. Sea que se realicen o no se realicen los cambios sociales, las personas siempre son afectadas. Una persona empobrecida tiene necesidades que deben ser satisfechas y problemas prácticos que deben ser tratados. Sin embargo, no siempre está clara la relación entre la pastoral entre empobrecidos y los movimientos populares (asociaciones civiles, sindicatos, partidos políticos). Según Clodovis Boff (1981, 95), esta relación debe estar de acuerdo con las condiciones sociales. Donde haya ausencia de movimientos populares, las comunidades de fe deberían suplir cumpliendo funciones no religiosas. Por ejemplo, funciones culturales tales como alfabetización, cursos de higiene, derecho, de costura; funciones políticas como organización de diversos comités, marchas; funciones económicas como cooperativas, caja de socorros. Sin embargo, donde ya existan organizaciones sociales, la comunidad de fe y la pastoral, aún cuando continúen formando personas con compromiso social y mente crítica, deberá tener cuidado de mantener su identidad propia, su diferencia específica.

▸ La pobreza no es el estado natural de los seres humanos, sino que es producto del abuso de la libertad y poder y una violación intolerable a la creación de Dios. Para Bonthius (1969), la mejor perspectiva teológica para la pobreza probablemente es la escatológica, la cual se encuentra en Lucas 1:51s y 6:20s. Los empobrecidos son bienaventurados pero no la gente rica. La recompensa para ellos va a ser una escatología sentida en toda su fuerza, un futuro que Dios está trayendo al presente. La iglesia está encargada de cumplir esta tarea a través de la reversión de los sistemas de valores que perpetúan la pobreza con el propósito de obtener abundancia de vida física, mental y espiritual para todas las personas que sufren. La clave de esta tarea es compartir. Bonthius afirma que, de acuerdo al Nuevo Testamento, las personas que no entran al Reino son aquellas que se rehúsan a compartir. Ese compartir, no obstante, no debe ser dividido en material o espiritual sino como un todo integral.

Finalmente, basándose en Lucas 4:18s, Bonthius considera que la misión de Jesús, la cual la iglesia tiene que llevar a cabo, es para todo tipo de pobre:

"El Espíritu del Señor está sobre mí, [por cuanto me ha ungido para dar...] *buenas nuevas a los pobres".*

¿Éstos son los desheredados económicamente?

"para pregonar libertad a los cautivos..."

¿Los desheredados social y culturalmente?

"... y vista a los ciegos..."

¿Éstos son los desheredados físicamente?

"... a poner en libertad a los oprimidos..."

¿Eso cubre a los desheredados de todo tipo los cuales encuentran la vida dura y pesada a causa del propio ser humano?

"... a predicar el año agradable del Señor"

Frase que se refiere al cumplimiento del tiempo en el cual Dios realizará las promesas dada primero a Abraham, Isaac, y Jacob de una tierra prometida. (p. 24, énfasis en el original)

5.3 Programa de formación

De acuerdo con Foskett y Lyall (1988), los nuevos enfoques en el acompañamiento y asesoramiento pastoral, aquellos que son más comunitarios y mutuamente dependientes, más amplios y variados,

> ... han contribuido de forma fortuita a la práctica del ministerio y acompañamiento pastoral dentro de las iglesias. Decimos "fortuita" porque ha habido muy pocas tentativas de integrar estas

ideas (...) dentro de los programas de formación para ordenación o autorización como pastores (p. 5).

La presentación de un programa de formación de la propuesta y las técnicas anteriormente presentadas, es una de esas tentativas para llenar la necesidad expuesta por Foskett y Lyall. No obstante, es importante afirmar que cualquier elemento de la visión tradicional del cuidado pastoral debe ser examinado y analizado, para saber si es compatible con los principios expuestos aquí y con el fin de ser adoptado. Esta propuesta no pretende menospreciar el cuidado pastoral tradicional como un todo, sino aquellos principios que son opuestos a la propuesta trabajada en este libro, como, por ejemplo, eclesio-centrismo, individualismo, paternalismo sobre el "rebaño". Tal vez fue considerada pertinente en algunos contextos sociales, pero no para América Latina.

En relación con el programa de formación, éste debe ser contextual. En América Latina no hay mucho tiempo para largos programas de educación porque la demanda de agentes pastorales y fuerzas laicas está continuamente aumentando. Hay muchas personas que están comprometidas y trabajando, pero sin formación formal. A veces, con solamente algunos años de escuela, estas personas realizan el trabajo que muchas personas que teniendo educación formal dejamos de hacer. Por otro lado, hay seminarios que proveen una preparación muy metódica.

En esta variedad de situaciones, creemos que esta propuesta puede ser adaptada a cada nivel requerido. El programa cumple tres fases:

PRIMERA FASE: CONVERSIÓN A LA CAUSA DE LOS EMPOBRECIDOS

Cuanto más las pastoras o pastores vean las víctimas de la injusticia, más se sentirán impulsados a trabajar para implementar la justicia. Cualquier persona o cosa que explote, degrade, desprecie y destruya las personalidades es perversa y malvada. Los agentes pastorales que vean las consecuencias de las fuerzas injustas en la sociedad, se sentirán impelidos a trabajar para producir los cambios necesarios que detengan tales tragedias. Quien trabaja con empobrecidos conoce de primera mano el dolor y el sufrimiento que la injusticia, la crueldad, la apatía y el preconcepto pueden provocar. Esta experiencia da coraje para oponerse a las fuerzas de la muerte que están en la sociedad.

En esta fase se produce la conversión a la causa de las personas empobrecidas y a su lucha. El modo en el cual alguien puede saber si está interesado en trabajar con la gente pobre es conocerlos en su propia realidad y situación para conocer su problemática a través de la experiencia directa. También, se entra en contacto con los sentimientos propios y se examina la vocación. Cuando se acepta el desafío para trabajar con personas empobrecidas, ya la persona está lista para ir a la segunda fase. La primera fase es una fase práctica, o sea, una fase pre-teórica. Es bueno recordar que estamos trabajando dentro de la metodología de la teología práctica que parte de la praxis y regresa a ella.

SEGUNDA FASE: ESTUDIO DE DIFERENTES TEORÍAS:

En esta fase se repasan, analizan y discuten las diferentes orientaciones teóricas. Obviamente, ellas no deben ser estudiadas separándolas unas de otras, sino inter-relacionadas. Además de eso, es conveniente verlas desde una perspectiva pastoral.

① *Enfoque bíblico-teológico*: Se estudia la Biblia y la pobreza dentro de la perspectiva de la teología latinoamericana

② *Enfoque psicoterapéutico*: Se estudian las perspectivas holísticas, eco-sistémicas y contextuales.

③ *Enfoque sociológico*: Se presenta una metodología para realizar adecuadamente un análisis de la realidad. Proponemos el ejercicio en la interpretación de los signos de los tiempos, bajo los criterios del mensaje cristiano y ayudada de los datos de las ciencias humanas.

④ Enfoque educativo: Se investigan las metodologías de enseñanza popular, por ejemplo la propuesta de Paulo Freire.[1]

---

1 Paulo Freire (1973, 15) afirma que "la educación debe ser un instrumento de acción transformadora, como una praxis política al servicio de la liberación humana permanente". Para él, la liberación sucede no solamente

⑤ *Enfoque económico*: Se examinan las políticas neoliberales y los acontecimientos recientes de lucha contra las fuerzas económicas que debilitan las economías regionales.

⑥ *Enfoque comunitario*: Se practica la metodología del trabajo en comunidad que tiene como objetivo que las personas respondan a sus propios problemas de tal modo que ellas lleven la responsabilidad por su propio cambio. También, estudiar esas formas de trabajo que lo hacen "con" en lugar de "por" las personas empobrecidas.

TERCERA FASE: LA PRAXIS

De hecho la segunda y tercera fases pueden desarrollarse juntas. Es preciso anotar que estamos proponiendo una metodología que parte de la praxis y regresa a la praxis. Esta propuesta, entonces, no es un "acompañamiento desde una oficina pastoral", sino en medio de la pobreza, es decir, en contacto directo, porque la retroalimentación de la comunidad es uno de sus recursos más importantes. Este concepto está relacionado íntimamente al concepto de que las personas empobrecidas ya no deben ser consideradas como objetos sino como dueñas de

---

"... en la conciencia de las personas, sino que presupone un cambio radical de estructura en la cual el proceso de conciencia mismo va transformándose". A partir de esta filosofía ha surgido una variedad de experiencias en la educación popular.

su propia transformación. También, está relacionado a la idea de que la pastoral no puede
ser impuesto "desde afuera" pero "desde
dentro" de las comunidades pobres.

OBRAS CONSULTADAS

ALVES, Rubem. "Pastoral Wholenes and Political Creativity: The Theology of Liberation and Pastoral Care", *Pastoral Psychology* (1977), 26(2), 124-136.

APONTE, Harry J. "Psychotherapy for the Poor: An Eco-Structural Approach to Treatment". *Delaware Medical Journal*, 1974, 46, 134-144.

_____. "The Family-School Interview: An Ecostructural Approach". *Family Process,* 1976(a), 15, 303-311.

_____. "Underorganization in the Poor Family". En *Family Therapy: Theory and Practice.* Editado por Philip Guerin. Nueva York: Gardner, 1976(b).

_____. "Family Therapy and the Community" en *Community Psychology: Theoretical and Empirical Approaches.* Editado por Margaret S. Gibbs, Juliana R Lachenmeyer y Janet Sigal. New York: Gardner, 1980.

_____. "Structural Family Therapy". En *Handbook of Family Therapy.* Editado por Alan Gurman & David P. Kniskern. New York: Brunner/Mazel, 1981.

_____. "If don't get simple, I cry", *Family Process*, 1986, 25.

_____. Bread & Spirit: Therapy With the New Poor. Diversity of Race, Culture, and Values. *Norton, W. W. & Company, Incorporated, 1994.*

_____. "El sesgo político, los valores morales y la espiritualidad en la formación de los psicoterapeutas. Sistemas Familiares, *12, 3, 1996.*

BARBÉ, Dominique. Grace and Power. *Base Communities and Nonviolence in Brazil. Maryknoll: Orbis Books, 1987.*

BEESON, Trevor; PEARCE, Jenny. Vision of Hope: The churches and change in Latin America. *London: Fount Paperbacks, 1984.*

BERTALANFFY, Ludwig von. *General System Theory.* London: Penguin Press, 1971.

BOFF, Clodovis. "Fisonomía de las comunidades de Base", *Concilium* (1981), 164, 90-98.

BOFF, Leonardo. *Jesus Cristo Liberador.* Petrópolis: Vozes, 1986.

BOFF, Leonardo y BOFF, Clodovis. *Como fazer teologia da liberação* . Petrópolis: Vozes, 1986.

BONTHIUS, Robert H. "A Theology of Poverty: Prelude to Pastoral Care of the Poor", *Pastoral Psychology* (1969), 20, 21-29.

BROWNING, Don S. *The Moral Context of Pastoral Care.* Philadelphia: Westminster, 1976.

BURGOS-DEBRAY, Elizabeth (ed.). *Me llamo Rigoberta Menchú y así me nació la conciencia.* México: Siglo XXI, 1998.

CAMPBELL, Alastair V. *Paid to Care? The Limits of profesionalism in Pastoral Care.* London: SPCK, 1985.

CASTILLO L., Fernando. "Teología de la Liberación: un aporte a la pastoral popular", *Pastoral Popular* (1989), 194, 21-24.

_____. "The Politics of Pastoral Care", *Contact*, (1979), 62(1), 2-15.

CLEBSCH, William R & JACKLE, Charles R. *Pastoral Care in Historical Perspective.* New Jersey: Prentice-Hall, 1964.

CLINEBELL, Howard. *Asesoramiento y Cuidado Pastoral: Un modelo centrado en la salud integral y el crecimiento.* Buenos Aires: Nueva Creación, 1995.

_____. *Ecotherapy: Healing Ourselves, Healing the Earth.* Minneapolis: Fortress, 1996.

_____. *Anchoring your Well Being: A Personal Plan for Exploring and Enriching the Seven Dimensions of Life.* Nashville: Upper Room Books, 1997.

COENE, Simmone. "Clinical Pastoral Education with the Poor", *The Journal of Pastoral Care* (1983), 37, 90-97.

CMI – Concilio Mundial de Iglesias (Commision on the Churches' Participation in Development). *Breaking the Chain of Oppression.* Ginebra, 1975.

DUSELL, Enrique. *Ethics and the Theology of Liberation.* New York: Orbis Books, 1978.

FERGE, Zsusa. "Comments on the Poverty Debate", en *Poverty Today* – Occasional Papers Number Seven. Edinburgh: Edinburgh University, New College, 1986.

FLORISTÁN, Casiano. "The Models of the Church which Underlie Pastoral Action", *Conciliun* (1984), 176, 71-78.

_____. "Método teológico de la teología pastoral' en *Liberación y cautiverio: Debates en torno al método de la teología en América Latina*. México: Comité Organizador, 1975.

_____. *Teología práctica: Teoría y praxis de la acción pastoral*. Salamanca: Sígueme, 1993.

FLORISTÁN, Casiano y Juan José Tamayo. *Conceptos fundamentales de pastoral*. Madrid: Cristiandad, 1983.

FORRESTER, Duncan. *Theology and Politics*. Oxford: Basil Blackwell, 1988a.

_____. *Just Sharing: la Christian approach to the distribution of wealth, income and benefits*. London: Epworth, 1988b.

FOSKETT, John; LYALL, David. *Helping the Helpers: Supervision and Pastoral Care*. London: SPCK, 1988.

FRANK, André Gunder. *Sociology of Development and Underdevelopmento of Sociology*. London: Pluto, 1971.

FREIRE, Paulo. "Education, Liberation and the Church", *Study Encounter* (1973), 9, 1.

_____. *La Educación como práctica de la liberación*. México: Siglo XXI, 1986.

_____. *Pedagogia da esperanza*. Rio de Janeiro: Paz y Terra, 1993.

GALDÁMEZ, Pablo. *Faith of a People*. New York: Maryknoll, 1986.

GALILEA, Segundo. "La pastoral popular en América Latina", *Pastoral Popular* (1989), 194, 12-16.

GALILEA, Segundo y Raúl Vidales en *Cristología y pastoral popular*. Bogotá: Paulinas, 1972.

GURMAN, Alan S. and Kniskern, David P. *Handbook of Family Therapy*. New York: Brunner/Mazel, 1981.

GUTIERREZ, Gustavo. "The Irruption of the Poor in Latin America and the Christian Communities of the Commom People", en *The Challenge of Basic Christian Communities*. Maryknoll: Orbis Books, 1981.

_____. *Teología de la Liberación*. Salamanca: Sígueme, 1977.

_____. "La irrupción del pobre en América Latina y las comunidades cristianas populares" en *Teología de la Liberación y comunidades cristianas de base*. Documentos del IV Congreso Internacional Ecuménico de Teología en São Paulo – 20 de Febrero al 2 de Marzo de 1980. Sergio Torres, ed. Salamanca: Sígueme, 1982,

HARRINGTON, Michael. *The Other America: Poverty in the United States.* New York: Mcmillan, 1962.

HINKELAMMERT, Franz. *Dialéctica del desarrollo desigual.* San José: Editorial Universitaria Centroamericana, 1983(a).

_____. *Crítica a la razón utópica.* San José: Departamento Ecuménico de Investigaciones, 1983(b).

_____. *La deuda externa de América Latina: El automatismo de la deuda.* San José: Departamento Ecuménico de Investigaciones, 1988.

HOCH, Lothar Carlos. "Aconselhamento Pastoral e liberação", *Estudos Teológicos* (1989), 29(1), 7-17.

_____. "Psicologia à serviço da liberação: posibilidades e limites da psicologia na pastoral de aconselhamento", *Estudos Teológicos* (1985), 25(3), 249-270.

HULME, William E. "Concern for Corporate Structures or Care for the Individual", *Journal of Pastoral Care* (1969), 23, 153-163.

IICA (Instituto Interamericano de Cooperación para la Agricultura). *Género y nueva ruralidad.* San José, IICA, 2000.

KEMP, Charles. *Pastoral Care with the Poor.* Nashville: Abingdon, 1972.

KINAST, Robert L. "The Pastoral Care of Society as Liberation", *The Journal of Pastoral Care* (1980), 34(2), 125-130.

KLEINMAN, Arthur. *The Ilness Narrative.* New York: Basic Books, 1988.

LAMBOURNE, Robert. "Personal Reformation and Political Formation in Pastoral Care", en *Exploration in Health and Salvation,* Michael Wilson (ed.) Birgmingham: University of Birgmingham, 1983.

LABBENS, J. *Reflections on the Concept of a Culture of Poverty.* Paris: International Committee on Poverty Research, Bureau de Recherches Sociales, 1966;

LEECH, Kenneth. *Soul Friend.* London: Sheldon, 1977.

LEWIS, Oscar. "The Culture of Poverty", *Scientific American*, 215, 4, (1966).

_____. *Los Hijos de Sánchez*. México: Joaquín Mortis, 1979.

_____. *Antropología de la pobreza. Cinco familias*. México: Fondo de Cultura Económica, 1987.

LEWIS, Oscar; Lewis, Ruth M. y Ridgon, Susan M. *Living the Revolution* [3 volúmenes: *Four Men* (1977), *Four Women* (1977), *Neighbors* (1978)]. Chicago: University of Illinois.

MALDONADO, Jorge E. "La psicología pastoral que surge en América Latina" (copia mimeografiada de notas personales a ser publicadas), Quito, 1988.

MALDONADO, Ignacio. Presentación del caso en "Toward an Ecology of Mind", Segundo Congreso de Puente ente Este y Oeste de los enfoques sistémicos. Budapest, 12-16 de julio de 1989.

McNEILL, John T. *A History of the Cure of Souls*. New York: Harpers & Brothers, 1951.

MINUCHIN, Salvador. "The Use of an Ecological Framework in the Treatment of a Child". *The International Yearbook of Child Psyquiatry: The Child in His Family*. Editado por E.J. Anthony y C. Koepernich. Nueva York: Wiley & Sons, 1970, 1.

_____. *Psychosomatic Families*. Cambridge: Harvard University, 1978.

_____. *Familias y Terapia Familiar*. México: Gedisa, 1983

MINUCHIN, Salvador; MONTALVO, Braulio; GUERNEY, B.; ROSMAN, B.; SHUNER, F. *Families of the Slums*. New York: Basic Books, 1967.

MOFFAT, Alfredo. *Psicoterapia del oprimido: Ideología y técnica de la psiquiatría popular*. Buenos Aires: Humanitas, 1988. (Re-publicado *como Psicoterapia para sectores marginados, terapia comunitaria para grupos de riesgo*. Editorial Lumen, 1997).

PATTISON, Stephen. *A Critique of Pastoral Care*. London: SCM, 1988.

_____. *Pastoral Care and Liberation Theology*. Cambridge: Cambridge University Press, 1994.

PATTON, John. *Pastoral Care in Context*. Louisville: Westminster, 1993.

PERSTA, Eloísa y otras. *A pobreza no femenino na cidades de Lisboa*. Lisboa: Mimeo, 1994.

POLING, James. "An Ethical Framework for Pastoral Care", *Journal of Pastoral Care* (1988), 42, 301-306.

ROTONDI, Gabriela. *Pobreza y masculinidad*. Buenos Aires: Espacio, 2000.

ROSTOW, W. W. The Stages of Economic Growth – A non-communist manifesto. Cambridge: Cambridge University Press, 1960.

ROYCE, J.R. y Buss, A.R. "The Role of General Systems and Information Theory in Multifactor Individuality Theory". *Canadian Psychological Review*, (1976), 17, 1-21.

SANCHEZ GAMBOA, Silvio. "La investigación como estrategia de innovación educativa: los abordajes prácticos", en *Investigación Educativa e Innovación, un aporte a la transformación escolar*. Santafé de Bogotá: Editorial Magisterio, 1998.

SANTA ANA, Julio de. *Por las sendas del mundo caminando hacia el Reino*. San José: Departamento Ecuménico de Publicaciones (DEI), 1987.

SCHORR, A.L. "The Non-Culture of Poverty", *American Journal of Orthopsychiatry*, (1964), 34, 5.

SEGUNDO, Juan Luis. *Acción pastoral latinoamericana: Sus motivos ocultos*. Buenos Aires: Búsqueda, 1972.

SELBY, Peter. *Liberating God: Private Care and Public Struggle*. London: SPCK, 1988.

SHIVA, Vandana. *Abrazar la vida. Mujer, ecología y desarrollo*. Madrid: Horas y Horas, 1995. (Edición original, 1988).

SCHNEIDER-HARPRECHT, Christoph. "Aconselhamento pastoral de famílias: uma proposta sistêmica". *Estudos Teológicos*, (1994), 34, 2.

_____. "Family Counseling in the Context of Poverty: Experiences from Brazil", *Journal of Pastoral Theology*, (1997), 7, 129-148.

_____. "Aconselhamento Pastoral", *Teologia Prática no Contexto da América Latina*. São Leopoldo: Sinodal, ASTE, 1998.

SOBRINO, Jon. *Spirituality of Liberation: Toward Political Holiness*. Maryknoll: Orbis Books, 1985.

THAYER, Nelson S. T. *Spirituality and Pastoral Care*. Philadelphia: Fortress, 1985.

TOWNSEND, Peter. *Poverty in the United Kingdom*. A Survey of Household Resources and Standar of Living. Middlesex: Pinguin, 1979;

STENNETTEE, Lloyd y Barry CHEVANNES. "La situación de la raza negra en América Latina y en el Caribe". En *Teología de la Liberación y comunidades eclesiales de base*. Salamanca: Sígueme, 1983.

THAYER, Nelson S.T. *Spirituality and Pastoral Care*. Philadelphia: Fortress, 1985.

VARGAS, Oscar-René. *Pobreza en Nicaragua: Un abismo que se agranda*. Managua: Universidad Politécnica, 1998.

VALENTINE, Charles. *Culture and Poverty*. Chicago: University of Chicago, 1968.

VIEZZER, Moema. *"Si me permiten hablar . . .". Testimonio de Domitila, una mujer de las minas de Bolivia*. México: Siglo XXI, 1978.

WATZLAWICK, Paul; Barelas, Janet B. y Jackson, Don D. *Teoría de la comunicación humana*. Barcelona: Herder, 1991.

WILSON, Michael. *Exploration in Health and Salvation*. Birgmingham: University of Birgmingham, 1983.

_____. "Personal Care and Political Action". *Contact* (1985), 87, 12-22.

ZEA, Leopoldo. "Negritud e indigenismo". En *Temas de Antropología Latinoamericana*. Bogotá: Buho, 1984.

OTRAS OBRAS NO CONSULTADAS
PERO RELACIONADAS CON EL TEMA:

CHINULA, Donald M. *Building King's Beloved Community: Foundations for Pastoral Care and Counseling with the Oppressed*. Cleveland: United Church Press, 1997.

FREIRE, Paulo. *Pedagogia da esperanza*. Rio de Janeiro: Paz y Terra, 1993.

GITTINGS, James A. *Life without Living: People of the Inner City*. Philadelphia: Westminster, 1966.

GROS, Jo, "Room at the Table: A Pastoral Care Response to Hunger", *The Journal of Pastoral Care* (1989), 42(2), 162-170

HARRIS, James R. "Poverty, Menthal Health, and the Church", *Pastoral Psychology* (1969), 20, 198.

MINUCHIN, P., COLAPINTO, J., MINUCHIN, S. *Pobreza, Institución, Familia.*. Buenos Aires: Amorrortu, 2000.

OATES, Wayne E., "The Ethics of Poverty", *Pastoral Psychology* (1969), 20, 198.

TAMAYO-ACOSTA, Juan-José. *Teología, Pobreza y Marginación: Una reflexión desde Europa.* Madrid: PPC, no datado.

van NESS, Paul & van NESS, Elizabeth, "An Experimental Church-Related Counseling Program sea the Inner City", *Pastoral Psychology* (1969), 20, 198.

VOS, Richard W. "Pastoral Social Ministry in the Ecosystem of the Poor", *Journal of Pastoral Care* (1993), 47(2). VOS, Richard W. "Pastoral Social Ministry in the Ecosystem of the Poor", *Journal of Pastoral Care* (1993), 47(2),

WATKINS, Derrel, "Crisis Ministry in Inner-city Churches", *Southwest Journal of Theology* (1982), 24(2).